AF572955

kailash

Kalashatra Govinda

SHIVA SHIVA!

Das Geheimnis der indischen Götter –
Mythen, Meditationen, Rituale

Kalashatra Govinda, ausgebildet in der altindischen Yogaphilosophie, hat sich besonders durch seine erfolgreichen Publikationen zu den Themen Chakras und Tantra einen Namen gemacht.

Penguin Random House Verlagsgruppe FSC® N001967

6. Auflage
Originalausgabe

in der Penguin Random House Verlagsgruppe GmbH,
Neumarkter Str. 28, 81673 München
produktsicherheit@penguinrandomhouse.de
(Vorstehende Angaben sind zugleich Pflichtinformationen nach GPSR)

Text- und Bildredaktion: Ute Heek
Umschlaggestaltung: ki 36 Editorial Design, München, Sabine Krohberger
unter Verwendung eines Motivs von © Steven Miric /getty images
Innenlayout: ki 36 Editorial Design, München, Sabine Krohberger
Satz: Satzwerk Huber, Germering
Druck und Bindung: Print Consult, München
Printed in Slovakia
ISBN 978-3-424-63093-0

www.kailash-verlag.de

Vorwort

*»Derjenige, dessen Selbst durch Hingabe
mit dem Höchsten vereinigt ist, erkennt alles im Einen.
Er sieht die Seele in allen Dingen und
alle Dinge in seiner Seele.«*

(Bhagavad Gita, VI 29)

Ganesha, Kali, Krishna, Saraswati – von den indischen Göttern geht eine magische Anziehung aus. Der Zauber, den die farben- und sinnenfrohen Gottheiten der jahrtausendealten Mythologie Indiens verbreiten, berührt keinesfalls nur Yogaübende: Die Götterwelt Indiens birgt einen kostbaren Schatz für jeden Menschen, der die spirituelle Bedeutung seines Lebens erkannt hat oder diese zumindest erahnt.

Indische Götter sind individuelle, mitfühlende und sehr menschlich handelnde Gottheiten. Sie können uns auf dem Weg nach innen begleiten und mit der Quelle der Weisheit in unserem Herzen verbinden. Sie können uns bei schwierigen Entscheidungen oder in belastenden Lebenssituationen zur Seite stehen, schenken Inspiration und Lebens-

freude und erweitern unseren Horizont, indem sie uns in die Geheimnisse der geistigen Welt einführen.
So schön Gemälde des Flöte spielenden Krishna oder des tanzenden Shiva sind, und so gut sich steinerne Figuren Ganeshas als Blickfang im Wohnzimmer auch machen mögen – die indischen Götter haben uns sehr viel mehr zu bieten als ein ansprechendes Äußeres zur bloßen Dekoration. Wie sehr sie uns auf unserer spirituellen Reise tatsächlich unterstützen können, wird umso klarer, je intensiver wir uns mit der Götterwelt Indiens beschäftigen. Die hinduistische Mythologie ist derart umfangreich und unübersichtlich, dass man beinahe glauben könnte, die Weisen im alten Indien wollten verhindern, dass wir uns Brahma, Parvati oder Rama auf intellektuellem Wege nähern. Die Botschaft der indischen Götter lässt sich nicht mit dem Verstand erfassen. Ihre Sprache ist die Sprache der Liebe und der Spiritualität.

Im Folgenden finden Sie einen Überblick über die wichtigsten Gottheiten Indiens und ihre Bedeutung. Im Mittelpunkt stehen inspirierende Geschichten und Mythen. Diese Erzählungen, die vor allem in den *Veden, Upanishaden* und den großen Epen *Mahabharata* und *Ramayana* gründen, regen die Fantasie an und sprechen zu unserer Seele.
Die farbenfrohen Abbildungen helfen Ihnen dabei, ein Gespür für die Qualitäten der jeweiligen Gottheit zu entwickeln. Bekanntlich sagt ein Bild mehr als tausend Worte – und ganz sicher gilt das in Bezug auf die indischen Götter. Jenseits aller Worte wirkt die Meditation über diese Bilder inspirierend und kann zu tiefen Einsichten führen. Der Kontakt zu den Energien der indischen Götter lässt sich ohnehin nicht über den

Verstand, sondern nur meditativ herstellen. Ob Sie daher Mythen und Legenden lesen, Bilder auf sich wirken lassen oder über spirituelle Zusammenhänge reflektieren – vertrauen Sie dabei immer auf Ihre Intuition. Dies gilt ebenso für praktische Übungen wie Rituale und Meditationen: Die Anleitungen, die Sie dazu in den folgenden Kapiteln finden werden, sind nur Vorschläge. Ich lade Sie dazu ein, Ihren eigenen Weg zu finden, der indischen Götterwelt in Ihrem Herzen zu begegnen, denn nur Sie selbst können wissen, welcher Weg der Ihre ist.

Auch wenn wir uns im nächsten Kapitel kurz mit dem Hinduismus beschäftigen wollen, so ist die Botschaft der indischen Götter doch universell. Die einzelnen Gottheiten sind spirituelle Kräfte, die nicht etwa nur einem gläubigen Hindu, sondern jedem von uns zugänglich sind – und das inmitten unseres täglichen Lebens.

Alles ist eines: Die Einheit in der Vielfalt

Der Glaube an die Götter ist das zentrale Element des Hinduismus. Doch wie die indische Götterwelt lässt sich auch der Hinduismus nicht so leicht fassen, umso mehr, da er über viele Jahrhunderte von unterschiedlichen Völkern, Traditionen, Kulten und Denkern neu beeinflusst und geformt wurde. In erster Linie ist der Hinduismus ein Zusammenspiel verschiedener Rituale und Philosophien, in dem der Glaube an einen Hauptgott und viele »untergeordnete« Götter eine wichtige Rolle spielt. Im Laufe der Zeit bildeten sich dabei verschiedene Traditionen und Kulte um einzelne Gottheiten heraus. Während sich die Vorgeschichte des Hinduismus im Dunkel längst vergangener Jahrtausende verliert, lassen sich die mythologischen Überlieferungen bis etwa 1500 vor der westlichen Zeitrechnung zurückverfolgen.

Die unüberschaubare Welt der Götter

In alten indischen Sagen wird die Anzahl der Götter auf 330 Millionen beziffert. Diese Zahl ist natürlich nicht wörtlich gemeint, vielmehr handelt es sich hierbei um eine Art Zahlensymbolik. Eines ist allerdings offensichtlich: Es gibt unglaublich viele indische Gottheiten. Das mag zunächst verwirren. Doch das Dickicht, das die indischen Götter verbirgt, ist nur für den intellektuellen Verstand, der nach Ordnung und System sucht, undurchdringlich. Für unser spirituelles Herz stellt die bunte Vielfalt der indischen Götterwelt hingegen kein Problem dar. In Indien ist es üblich, einen Hauptgott zu verehren und wenn nötig auch andere Götter zu Hilfe zu rufen. Wenn also etwa Shiva als persönlicher Schutzgott angebetet wird, so werden gläubige Hindus dennoch Rituale für Ganesha ausführen, wenn ein wichtiger Geschäftsabschluss bevorsteht, oder über Parvati meditieren, wenn der Segen für eine Liebesbeziehung erbeten werden soll.

Ich habe für dieses Buch die wichtigsten und bekanntesten Gottheiten ausgewählt. Sicherlich ist eine davon »Ihre« Gottheit – der Gott oder die Göttin, die Seelenkraft, zu der Sie eine ganz persönliche Verbindung aufbauen können.

Brahman – Das Eine hinter dem Vielen

So bunt und unterschiedlich die indischen Götter auch sein mögen, sie alle weisen auf die kosmische Einheit hin, die das bewusste oder unbewusste Ziel unserer inneren Reise ist. Brahman, das Absolute, manifestiert sich auf vielfältige Weise. Brahman ist die Weltseele, die Quelle, aus der die gesamte Schöpfung erwächst und in der alle Wesen dem ewigen Kreislauf aus Werden und Vergehen unterliegen. Hinter allen Namen und Erscheinungen verbirgt sich diese eine Ur-Energie – das Eine ohne ein Zweites, die einzige Wirklichkeit, die sich jeder Beschreibung entzieht. Die indischen Götter sind lediglich Boten des Absoluten, die dem menschlichen Geist eine Brücke bauen, durch die die Erfahrung der Einheit erst möglich wird.

»Im Anfang war nur das eine, alleinige Sein,
ohne die Vielzahl der Dinge. Aus diesem Einen ging
das Universum hervor (…). Was immer existiert, existiert nur
durch jenes eine Sein, das innerste Selbst aller Erscheinungen,
die letzte Wahrheit, das höchste Selbst.«

(Chanogya-Upanishad 6.2.1 / 6.2.3)

»Die Schlange und der Lotos«

Am Anfang war *Hiranyagarbha*, das goldene Ur-Ei, der goldene Schoß aller Dinge. Es ist Sein und Nichtsein und vergeht niemals. Unendlich viele Male entsteht die Welt, unendlich viele Male vergeht sie im Tanz des ewigen Shiva, des Erneuerers, durch dessen Zerstörung der Welten erst die Schöpfung der Welten möglich wird. Im ewigen Kreislauf von Geburt, Vergehen und Wiedergeburt dreht sich das Rad des Karma. Die vier Weltzeitalter, die *Yuga*, sind die Jahreszeiten des *Mahayuga,* eines großen Weltzeitalters. Tausend Mahayuga sind ein *Kalpa,* und ein Kalpa ist nur ein einziger Tag für die Götter. Ein Kalpa dauert auch die Nacht zwischen dem Vergehen und dem Werden. Nur Dunkelheit und die göttliche Kraft, das Brahman, schweben in der Unendlichkeit.

Bevor unser Zeitalter, ein neuer Göttertag, begann, gab es weder Himmel noch Erde, noch den Raum dazwischen. So war es ein Kalpa hindurch. In Brahman begann sich dann der Schöpfungswille zu regen, und es ward die Schöpfungskraft, *Maya.*

Dunkel war es, und nur der endlose Ozean umspülte die Gestade des Nichts. Die Weltschlange *Adishesha* umschlang den Ozean in der Dunkelheit, und inmitten ihrer unzähligen Windungen lag schlafend Vishnu, still und traumlos. Aus der Tiefe drang ein Klang: OM. Der Klang schwoll an und erfüllte die Leere. Die Nacht endete, und Vishnu erwachte. Als die Morgendämmerung anbrach, entspross Vishnus Nabel eine Lotosblüte, Padma: Und das war Lakshmi, die Lotosgeborene, Vishnus Shakti, seine weibliche Ergänzung. Aus diesem Lotos kam Brahma, der Schöpfer.

Tausend Jahre meditierte Brahma; er versenkte sich in Meditation – und die Hymnen der Vedas, die Puranas und alle anderen heiligen Verse, die Shastras, entströmten seinem Mund. Noch war die Erde jedoch wüst und leer.

Brahma schuf Gras und Blumen, Bäume und Pflanzen jeder Art und gab ihnen die Kraft des Fühlens. Danach erschuf er die Tiere, die Vögel, die Fische und alles, was kriecht. Ihnen verlieh er die Kraft zu sehen, zu hören und sich zu bewegen. Und bald schon regte sich überall Leben, und die Lüfte füllten sich mit dem Klang der Schöpfung Brahmas.

Purushas Geburt

Die Schöpferkraft war noch nicht versiegt. Es fehlte noch etwas, um die Welt mit Geist zu beleben. Und so ward der Urmensch Purusha geboren – tausendäugig, tausendköpfig, gewaltig, die ganze Welt umfassend. Die Götter entschlossen sich, den so geborenen Purusha als Opfer darzubringen und ihn zu verbrennen: Der Frühling wurde das Öl, der Sommer das Brennholz und der Herbst die Opferbeigaben.

Aus Purushas Geist entstand Chandra, der Mond, aus seinen Augen Surya, die Sonne. Aus seinem Kopf entstand der Himmel, aus seinem Nabel das Weltall, aus seinen Füßen die Erde. Indra, der Regen, und Agni, das Feuer, kamen aus seiner Kehle und Vayu, der Wind, aus seinem Atem. Aus Purushas Mund entstand die Kaste der Priester, der Brahmanas, aus seinen Armen die der Kshatriyas, die Krieger und Könige, aus seinen Schenkeln die der Vaishyas, die Kaufleute, und aus seinen Füßen die Shudras, die Handwerker und Bauern.

Der kosmische Tanz – Schöpfung und Zerstörung

Einerseits repräsentieren indische Gottheiten Qualitäten wie Weisheit, Liebe und Freude. Andererseits deuten sie aber auch auf universelle Prinzipien hin. Um die Botschaft der Götter und ihre Bedeutung für unser Leben besser verstehen zu können, ist es hilfreich, einige Grundprinzipien der indischen Philosophie kennenzulernen.

Samsara – Das Gesetz der ewigen Wiederkehr

Die gesamte Schöpfung durchläuft einen ewigen Kreislauf von Werden und Vergehen. Dieser Kreislauf, in dem wir von Wiedergeburt zu Wiedergeburt wandern, ist *Samsara*, was wörtlich übersetzt nichts anderes als »ewiges Wandern« bedeutet.

Das kosmische Gesetz des Samsara spiegelt sich auf der Ebene der Götter im Konzept der *Trimurti* wider. Brahma, der Schöpfer, Vishnu, der Erhalter und Shiva, der Zerstörer bilden die wichtigste und bekannteste Trimurti. Die drei kosmischen Prinzipien – Schöpfung, Bewahren und Zerstörung (beziehungsweise Transformation) – werden hier deutlich sichtbar.

Trimurtis werden meist in Form von drei nebeneinander stehenden Göttern, mitunter aber auch als dreiköpfige Figuren dargestellt. Die drei Aspekte des kosmischen Wirkens bilden eine untrennbare Einheit. Sie können ebenso wenig isoliert betrachtet werden wie Geburt, Leben und Sterben, die ebenfalls einen universellen Prozess bilden, bei dem jede Phase nahtlos in die nächste übergeht.

Da die ständige Abfolge von Geburt, Altern, Krankheit und Tod leidvoll ist, besteht das spirituelle Ziel des Menschen darin, sich aus diesem Kreislauf zu befreien.

Karma – Die Früchte unserer Handlungen

Karma – das Gesetz von Ursache und Wirkung – ist eng mit dem Samsara-Prinzip verwoben. Unser Karma entscheidet, wie stark wir uns in den ewigen Kreislauf der Wiedergeburten verstricken, vor allem aber bestimmt es die Erfahrungen, die wir in unserem jetzigen Leben machen. Kurz gesagt: Unser Karma entscheidet über Glück oder Unglück.

Das Karma-Prinzip besagt, dass jede unserer Handlungen, Gedanken und Absichten bestimmte Wirkungen zeitigen – gute Saat bringt gute Früchte hervor. Doch ebenso wie Güte, Mitgefühl oder Aufrichtigkeit über kurz oder lang das Glück magisch anziehen, führen Hass, Gier und Unwissenheit zu leidvollen Erfahrungen. Für unsere jetzige wie alle folgenden Existenzen ist es daher von großer Bedeutung, schlechtes Karma zu vermeiden und dem Pfad zu folgen, der ins Licht führt.

Moksha – Der Ausweg aus dem ewigen Kreislauf

Vielleicht ist es Ihnen bisher nicht bewusst gewesen, aber sobald Sie beginnen, sich auf die Wirkkraft der indischen Götter zu konzentrieren und Qualitäten wie Weisheit, Mut oder Schönheit in Ihrem Leben kultivieren, haben Sie bereits den Moksha-Pfad eingeschlagen. *Moksha* – auch als »*Mukti*« bezeichnet – ist im Hinduismus das höchste Ziel der Seele. Moksha ist das Prinzip der Erlösung. Nur durch Moksha kann das Rad des Samsara zum Stillstand gebracht werden. Moksha führt zur Befreiung von allen Bindungen und schließlich zu der Erkenntnis, dass

Atman, das individuelle Selbst nie von *Brahman*, dem kosmischen Selbst getrennt war. Alles ist Eines – alles ist göttlich:

> *»Alles Existierende ist vom Bewusstsein gesteuert,*
> *vom Bewusstsein erschaffen. Einzig vom Bewusstsein*
> *ist die Welt gelenkt, das Bewusstsein ist ihr Urgrund.*
> *Das Bewusstsein und Brahman sind eins.«*
>
> (Rig-Veda, Aitareya Upanishad 3.3)

Bhakti-Yoga – Der Weg des Herzens

Bhakti-Yoga ist »Der Weg der liebenden Hingabe«, also der Yoga-Weg, bei dem die Verehrung einer Gottheit im Vordergrund steht.

Der Glaube daran, dass das Selbst des Menschen untrennbar mit dem kosmischen Selbst verbunden ist, mag tröstlich sein – doch wie lässt sich dieser Glaube konkret erfahrbar machen? Um die Wahrheit erkennen zu können, müssen wir den Schleier der Illusion durchdringen. Doch wie kann uns das gelingen?

Als traditioneller Befreiungsweg der indischen Philosophie bietet *Yoga* hier die Lösung. Es gibt zahlreiche Formen des Yoga, von denen im Westen fast ausschließlich das auf Körperübungen ausgerichtete *Hatha-Yoga* bekannt ist. Doch im Yoga geht es um mehr. In seinen Yogasutras definiert der indische Gelehrte *Patanjali* Yoga als »das Zur-Ruhe-Kom-

men der unruhigen Geistesbewegung«. Nur im Zustand geistiger Stille und tiefen Friedens ist es uns möglich, hinter die Schleier der *Maya*, der Illusion, zu blicken. Und nur so können wir unser unsterbliches Wesen erkennen.

Zu den schönsten Wegen, die zur Sammlung des Geistes und einem Zustand vollkommenen Friedens führen, zählt der *Bhakti-Yoga* – der Weg der liebenden Hingabe. In der *Bhagavad Gita*, einer der wichtigsten Schriften des Hinduismus, wird die Bedeutung von Bhakti-Yoga immer wieder hervorgehoben. Bhakti-Yoga wird als einfache Möglichkeit beschrieben, die Götter in sein Herz aufzunehmen. Im Mittelpunkt stehen dabei unsere Gefühle. Negative und belastende Gefühle werden aufgelöst und liebevolle Gefühle genutzt, um unser spirituelles

Wachstum anzuregen und unser Bewusstsein zu erweitern. Durch Bhakti-Yoga können wir unser Herz öffnen. Ob wir uns direkt an das Göttliche oder eine *Ishtadevata*, eine persönliche Gottheit wie Krishna, Kali oder Ganesha, wenden, macht dabei keinen Unterschied. Wir können Liebe und Hingabe kultivieren, indem wir unseren Geist gezielt auf bestimmte Gottheiten ausrichten.

Bhakti-Yoga ist eine der wirkungsvollsten Methoden, um sich aus den Ketten seines Karmas zu befreien. Denn Bhakti, die Liebe zu einer Gottheit, ist keine Einbahnstraße: Durch unsere Hingabe wird »die Gnade der Götter geweckt und das Karma-Gesetz aufgehoben«. Was in den alten Schriften geheimnisvoll klingt, ist an sich sehr einfach: Wenn wir uns durch Meditation, Rituale oder Visualisierung mit Schutzgottheiten verbinden, ziehen wir deren Energien an. Und hier gilt ebenso, dass wir ernten, was wir säen. Interessant ist auch, dass »Bhakti« nicht nur mit »Hingabe«, sondern auch mit »ein Teil sein« oder »teilhaben« übersetzt werden kann. Durch Bhakti-Yoga werden wir zu Teilhabern an den Schätzen der Götter.

Doch wie können wir Bhakti-Yoga üben? Wie setzt man Hingabe in seinem Leben um? Die folgenden Verse aus der Bhagavad Gita geben uns einen ersten Hinweis darauf:

»Wenn du dein Herz einzig Mir zuwendest und dein Geist in Mir zur Ruhe kommt, so wirst du im göttlichen Bewusstsein wohnen. Daran gibt es keinen Zweifel. Gelingt es dir jedoch nicht, deinen Geist so zu beherrschen, dass er ganz in Mich versenkt ist, so finde Mich durch häufige Andachtsübung. Ist dir jedoch auch diese häufige Praxis nicht möglich, so strebe wenigstens danach, bei allem Tun in Meinem Geist zu handeln, denn auch so wirst du Vollkommenheit erlangen.«

(Bhagavad Gita XII 8-10)

Zum einen können wir uns durch tiefe Versenkung auf direkte Weise mit dem Göttlichen oder seinen Repräsentanten verbinden. Ein anderer Weg, den ich Ihnen in diesem Buch anbieten möchte, ist sinnlicher als eine Meditation und fällt Ihnen vielleicht leichter. Er führt zu dem, was in der Gita als »Andachtsübungen« bezeichnet wird, also zu konkreten Ritualen, Meditationen, Visualisierungen oder zur Anwendung von Mantras, die allesamt dazu dienen, sein Herz für die Kraft der hinduistischen Götter zu öffnen.

Bei der Ausübung dieser Praktiken sollten Sie Ihrer Intuition und Ihrer Fantasie Raum lassen. Sehen Sie alle Vorschläge und Ausführungen nur als Orientierungshilfe, und folgen Sie stets Ihrem Herzen. Wenn Ihnen einmal die Zeit oder die Möglichkeit zu meditieren fehlt, dann vergessen Sie nicht, dass es eine dritte Möglichkeit gibt, das Geheimnis der indischen Götter zu ergründen: Im letzten Satz der soeben zitierten Verse finden Sie den Schlüssel dazu. Handeln Sie im Alltag möglichst oft im Geist der Gottheit, die Sie als Ihren Begleiter auserwählt haben: *» … So strebe wenigstens danach, bei allem Tun in Meinem Geist zu handeln, denn auch so wirst du Vollkommenheit erlangen.«*

Die Gestaltung eines Rituals

Neben der Meditation steht insbesondere die Durchführung von Ritualen im Zentrum der Bhakti-Praxis. Die Gegenwart der Götter ist in Indien überall im Alltag deutlich spür- und sichtbar. Abbildungen von Göttern finden sich in nahezu jedem Haushalt. Ob beim Friseur, in der Post, in Bussen oder Taxis – kleine Postkarten, Poster oder Statuen von Ganesha, Shiva, Saraswati oder Krishna dienen nicht nur als Dekor, sondern sie erinnern bei allem Tun an die spirituelle Dimension unseres Daseins.

In vielen Wohnungen stehen einfache Heiligenschreine oder kleine Altäre, die im Mittelpunkt der Ritual-Praxis stehen. Manche Rituale werden zu bestimmten Anlässen durchgeführt – beispielsweise um Gesundheit oder Erfolg zu erbitten oder Kraft für eine schwierige Aufgabe zu sammeln. Andere werden regelmäßig, ja oft sogar täglich ausgeübt, um die Seele immer wieder von Neuem auf das Schöne und Erhabene auszurichten.

Vor allem die in den südindischen Tempeln verbreitete Ritualpraxis ist oft sehr komplex. Die klassische hinduistische Verehrungsform – die *Puja* – wird dabei durch einen Priester geleitet, der formelle Gebete auf Sanskrit rezitiert, wobei auch festgeschriebene *Mudras* (rituelle Handstellungen) eingenommen werden. Der Sinn einer Puja liegt darin, Gott in einer personifizierten Form als höchsten Gast zu verehren. »Gastfreundliche« Gesten spielen im Verlauf des Rituals daher eine große Rolle. Traditionell gehört dazu, dass der Gottheit ein Platz angeboten und Wasser zur Reinigung gereicht wird. Anschließend wird sie mit Sandelholz betupft, es werden Blüten und Opfergaben wie vegetarische Speisen dargeboten und schließlich Räucherstäbchen und Kerzen entzündet. Abschließend wird die Gottheit verabschiedet, indem das Bild oder die Figur ein wenig hin und her bewegt wird.
Die Wurzeln hinduistischer Rituale lassen sich bis in die vor-vedische Zeit zurückverfolgen. Entscheidend ist jedoch bei der Ausübung, dass es sehr viel mehr um die Absicht und die Geste als um die strikte Einhaltung bestimmter Abläufe geht. Durch bestimmte Rituale kann eine persönliche Beziehung zu verschiedenen Gottheiten aufgebaut werden. Pujas kann man an jedem Ort und zu jeder Zeit durchführen – nicht nur im Tempel, sondern auch in Haus und Hof oder in der freien Natur.

Da Sie die Rituale für indische Götter selbst gestalten können und auch sollten, sehen Sie die folgenden Vorschläge nur als Anregung. Um in den folgenden Kapiteln Wiederholungen zu vermeiden, möchte ich Ihnen den Ablauf eines Rituals in kurzer Form zusammenfassen. Beachten Sie bei der Ausübung eines Rituals, dieses grundsätzlich in einer feierlichen Haltung zu praktizieren. Achten Sie darauf, eine klare

Reihenfolge festzulegen und diese auch einzuhalten. Nehmen Sie sich Zeit und versuchen Sie, Ihren Geist von den Problemen des Alltags zu lösen, bevor Sie beginnen. Durch Ihre innere Haltung verleihen Sie dem Ritual den Sinn, den es verdient. Machen Sie sich die Symbolik Ihrer Handlungen bewusst und richten Sie sich gezielt auf das Göttliche oder die Energien der Gottheit aus, die Sie ausgewählt haben.

1. Der Gottheit einen Platz anbieten

Stellen Sie eine Statue, eine kleine Figur, ein Gemälde oder ein Bild der Gottheit, die Sie ausgewählt haben, auf einen Altar. Es spielt dabei keine Rolle, ob es sich um einen prunkvollen Altar oder um ein kleines Holzbänkchen handelt – wichtig ist einzig Ihre bewusste Gegenwärtigkeit. Natürlich geht es nicht darum, einen bestimmten Gegenstand zu verehren. Nicht das Bild oder die Statue an sich ist von Bedeutung, sondern das göttliche Prinzip, das hier versinnbildlicht wird. Es ist wichtig, auf das zu schauen, was »durchscheint durch das, was erscheint«.

2. Begrüßung

Stellen oder setzen Sie sich aufrecht vor Ihren Altar, legen Sie die Handflächen vor der Brust zusammen und verneigen Sie sich kurz vor Ihrem himmlischen Gast. Die Grußgeste, die in Indien als *Namaste* bekannt ist, bringt die Ehrerbietung für das Göttliche im erwählten Gegenstand zum Ausdruck. Wenn Sie möchten, können Sie eine Begrüßungsformel sprechen, am besten, indem Sie die Gottheit beim Namen nennen. Die Begrüßung kann beispielsweise lauten: »O Shiva (Krishna, Lakshmi, Rama ...) – möge Dein Wesen meinen Geist erfüllen und mir Licht und Frieden schenken.«

3. Opfergaben

Bewirten Sie Ihren Gast, indem Sie ihm Opfer darreichen. Auch hier geht es nicht um die physischen Dinge, die Sie auf den Altar legen, sondern um den höheren Sinn, der darin zum Ausdruck kommt. Eine einfache Möglichkeit besteht darin, Gaben zu wählen, die die Elemente repräsentieren und einen Bezug zum Gesetz des Karma herstellen:

- Legen Sie einige Kiesel- oder Edelsteine auf den Altar oder verstreuen Sie eine Handvoll Sand, um das Element Erde zu feiern.
- Für das Element Wasser stellen Sie eine kleine Schale Wasser neben das Bild oder die Statue.
- Entzünden Sie eine oder mehrere Kerzen, um das Feuer-Element zu symbolisieren.
- Zünden Sie ein Räucherstäbchen an oder verwenden Sie eine Duftlampe und rufen Sie dadurch das Element der Luft, des Äthers, an.
- Bieten Sie der Gottheit Blumen, Blütenblätter oder frische Früchte an. Blumen und Früchte können nur durch das Zusammenwirken der Elemente wachsen – sie benötigen Licht, Wärme und Sonne

(Feuer-Element), Wasser, Luft und Erde. Darüber hinaus symbolisieren sie das Gesetz des Karma, denn gutes Handeln oder gute Samen bringen gute Früchte und schöne Blüten hervor.

4. Besinnung, Versenkung

Setzen Sie sich aufrecht und doch entspannt vor Ihren Altar. Schließen Sie die Augen und lassen Sie Ihren Geist zur Ruhe kommen. Wenn Sie möchten, können Sie ein *Mantra* sprechen – passende Mantras lernen Sie in den folgenden Kapiteln kennen. Mantras sind heilige Silben oder spirituelle Lautformeln, die Aspekte des Göttlichen in Resonanz bringen. Es ist nicht von Bedeutung, ob Sie Mantras laut singen oder sprechen, oder ob Sie diese nur flüstern oder innerlich wiederholen. Mantras schützen den Geist vor negativen Gedanken und Gefühlen. Sie müssen kein kompliziertes Mantra benutzen. Sie können einfach nur den Namen der Gottheit wie etwa »Rama« oder »Parvati« mehrmals rhythmisch wiederholen. Ebenso können Sie das Ur-Mantra »OM« rezitieren, in dem alle anderen Mantras enthalten sind.

5. Abschied

Öffnen Sie die Augen, stehen Sie wieder auf und verneigen Sie sich abschließend noch einmal mit dem Namaste-Gruß vor Ihrem Altar. Um das Ritual zu beenden, berühren Sie das Bild oder die Statue kurz mit der Hand.

Die Hingabe in Meditation

Meditation heißt, den Geist ganz auf eines auszurichten. Im Bhakti-Yoga geben wir uns in der Meditation vollkommen einer Gottheit hin. Meditation erfordert etwas Übung – doch bereits in Ihrer ersten Meditation werden Sie schon ein wenig von der Kraft der Versenkung erfahren können.

Ich werde Ihnen nun eine kurze Anleitung geben, wie Sie bei der Meditation prinzipiell vorgehen. Bei den Kapiteln finden Sie dann zu jeder Gottheit die Besonderheiten, die für die Meditation wichtig sind – beispielsweise das Mantra, das Sie dabei wiederholen, oder das Chakra (Energiezentrum), auf das Sie sich dabei konzentrieren sollten.

1. Vorbereitung

Nehmen Sie sich etwas Zeit, in der Sie ungestört sind. Es ist, gerade anfangs, wichtig, dass Sie Ihre Meditation ohne Unterbrechung ausführen können – der Geist benötigt eine gewisse Zeit, bis er ganz zentriert ist.
Setzen Sie sich aufrecht und doch entspannt hin. Sie können, wenn Sie sehr beweglich sind, im Lotossitz sitzen. Es gibt auch andere Meditationshaltungen, die es besonders einfach machen, stabil, entspannt und aufrecht zu sitzen. Wenn Sie keine besondere Meditationshaltung kennen oder wenn Sie sie nicht einnehmen können, sitzen Sie einfach auf einem Stuhl – beide Füße auf dem Boden und so weit vorne, dass es Ihnen leicht fällt, entspannt und aufrecht zu sitzen.
Schließen Sie die Augen und lassen Sie Ihren Atem allmählich zur Ruhe kommen. Atmen Sie sanft durch die Nase und beobachten Sie, wie der Atem kommt und geht, ohne einzugreifen. Indem der Atem zur Ruhe kommt, können Sie Ihren Körper und Ihren Geist entspannen.

2. Visualisierung

Richten Sie Ihre Konzentration auf eine Kraft, wie beispielsweise Wasser oder Feuer oder ein Chakra – bei jeder Gottheit werde ich Ihnen dazu Genaueres sagen.
Nachdem Sie diesen »Hintergrund« fest im Geist verankert haben, visualisieren Sie vor diesem Hintergrund das Bild der Gottheit, auf die Sie meditieren.

Es wird Ihnen leichter fallen, dieses Bild in Ihren Geist zu projizieren, wenn Sie zuvor Darstellungen der Gottheit betrachtet und sie auf sich haben wirken lassen.
Machen Sie sich jedoch keine Sorgen, ob Ihre Visualisierung klar genug ist – das spielt keine Rolle. Die Hingabe an etwas, die Bemühung zählt. Versuchen Sie, das innere Bild stabil zu halten, aber bleiben Sie entspannt – visualisieren Sie einfach, so gut es im Augenblick geht.

3. Mantra

Nach einigen Atemzügen sprechen Sie ein Mantra, um Ihre innere Energie zum Fließen zu bringen und Blockaden zu lösen. Ich werde Ihnen zu jeder Gottheit an der entsprechenden Stelle ein Mantra nennen. Mitunter sind die Mantras etwas länger. Und sie sind natürlich ursprünglich in anderen indischen Sprachen entstanden. Sie werden diese Mantras bei jeder Gottheit kennenlernen – doch es gibt dazu Alternativen, wenn Ihnen das zu schwierig wird.

- Sie können einfach den Namen der Gottheit als Mantra wiederholen.
- Sie können das »Universal-Mantra« OM verwenden.
- Sie können auf Deutsch ein Mantra wiederholen, das der Gottheit geweiht ist. Beispielsweise »Lob sei …«, »Gelobt sei …«, »Dich, …, preise ich.«

Wiederholen Sie das Mantra stets siebenmal, und zwar jeweils mit dem Ausatmen. Ziehen Sie die Vokale möglichst lang und atmen Sie entsprechend lange aus. Sie können das Mantra auch innerlich wiederholen, ohne es laut auszusprechen.

4. Stille

Lassen Sie Stille in Ihren Geist einkehren und lassen Sie ihn ganz ruhig und friedvoll werden. Lassen Sie ein sanftes Lächeln auf Ihrem Gesicht entstehen und genießen Sie die Kraft des gegenwärtigen Augenblicks. Natürlich werden Ihre Gedanken immer wieder einmal abschweifen. Das macht nichts – dies macht ja gerade die Übung der Meditation aus: dass Sie zur Stille zurückkehren, wann immer Sie bemerken, dass Sie nicht mehr im gegenwärtigen Augenblick sind.

5. Abschluss

Um die Meditation zu beenden, verbinden Sie sich noch einmal mit derjenigen Eigenschaft der Gottheit, die Ihnen im Augenblick am wichtigsten ist.
Dazu sprechen Sie innerlich:
»Möge (der Gottheit) (Eigenschaft, Qualität) meinen Geist erfüllen.«
Also beispielsweise: »Möge Shivas Mut meinen Geist erfüllen.«
Sprechen Sie das langsam und sehr achtsam. Spüren Sie, wie die Qualität der Gottheit in Sie einströmt. Genießen Sie das ein paar Sekunden. Atmen Sie dann tief durch, bevor Sie die Augen wieder öffnen und damit die Meditation abschließen.

• Regen, Fruchtbarkeit, Sieg •

NAME:
Indra

ELTERN:
Dyaus (Himmel), Prithivi (Erde)

GEMAHLIN:
Indrani

GESCHWISTER:
Surya (Sonne), Agni (Feuer)

IKONOGRAFIE:
Goldene Haut, Regenbogen

REITTIER:
Weißer Elefant, goldener Streitwagen

WAFFEN:
Speer, Bogen, Netz und Vajra (eine Art Zepter)

HAUPTQUALITÄTEN:
Sieg, Fruchtbarkeit

Gemeinsam mit *Vayu* und *Agni* bildet Indra eine *Trimurti*, eine Göttertriade. Indra, Vayu und Agni gehörten zu den Hauptgottheiten der vedischen Zeit. Während sie später allmählich in Vergessenheit gerieten, spielten sie in der frühindischen Religion eine wichtige Rolle und wurden in vielen vedischen Ritualen verehrt. Zu jener Zeit lebten die Menschen noch in enger Verbundenheit zur Natur. Auch wenn die alten Götter menschliche Eigenschaften besaßen, so repräsentierten sie doch in erster Linie Naturerscheinungen.

Indra ist der Gott des Sturms, des Gewitters und des Regens. Er wird als Gott der Fruchtbarkeit verehrt, ist zugleich aber auch der »König aller Götter« und Gott der Krieger. In der vedischen Zeit war er zweifellos der berühmteste aller Götter – allein in der *Rig-Veda* sind ihm über 250 Hymnen gewidmet. Indras Eltern sind *Dyaus*, der Himmel, und *Prithivi*, die Erde. Seine Gemahlin ist *Indrani*, die Göttin der Eifersucht. Seine Brüder sind der Sonnengott *Surya* und *Agni*, der Gott des Feuers. Indra ist unter vielen Namen bekannt – etwa als *Meghavahana*, der Reiter der Wolken, oder als *Svargapati*, der Herr des Himmels.

Indra wird meist als riesengroßer, goldfarbener Gott dargestellt. Die goldene Farbe steht für Reinheit und Unvergänglichkeit. Gold ist unvergänglich, bleibt rein und weist auf die Aspekte Licht und Erleuchtung hin. Indra wird entweder in einem goldenen Streitwagen oder auf dem Rücken von *Airavata*, dem heiligen, weißen Elefanten aus der hinduistischen Mythologie, dargestellt. Indras gewaltiger Bauch weist auf seine Vorliebe für sinnliche Genüsse hin, seine hundert Hoden zeugen von seiner Fruchtbarkeit, der Schöpferkraft und grenzenlosen Vitalität des Götterfürsten.

In seinen vier Armen hält Indra Speer, Bogen, ein Netz und seine spezielle Waffe, *Vajra*. Der Sanskrit-Begriff »Vajra« bedeutet »mächtig« oder »hart«. Der Vajra kann sowohl als Zepter wie auch als unzerstörbare Waffe eingesetzt werden.
Auf Indra-Abbildungen ist oft ein Regenbogen zu sehen, der zuweilen auch mit Indras Bogen identisch ist. Der Regenbogen versinnbildlicht zum einen die Brücke, die die Welt der Menschen mit der Welt der Götter verbindet. Zum anderen symbolisieren die sieben Farben des Regenbogens auch die sieben Schleier der Maya, der Illusion, die uns daran hindert, das Wesentliche, Wahre zu erkennen. Die Verbindung zu Indra hilft uns, Illusionen als solche zu durchschauen.

Indra als unser Begleiter

Indra ist der Gott des Regens oder Wassers, der Gott der Fruchtbarkeit und des Sieges. Doch inwiefern kann uns das nützlich sein? Welchen Sinn hat es für uns, uns mit Indras Qualitäten zu verbinden und über Indra zu meditieren?
Darauf gibt es mehrere Antworten. Einerseits ist Indra – wie die meisten indischen Götter – ein Gott mit sehr vielen Gesichtern. Neben seinen zahlreichen Stärken hat er auch Schwächen, was ihn trotz seines göttlichen Wesens uns Menschen näher bringt. Wären wir uns unseres eigenen göttlichen Wesens bewusst, würden wir erkennen, dass für uns umgekehrt dasselbe gilt, dass wir nämlich jenseits all unserer Schwächen doch Erben des Göttlichen sind.

Indra ist wohltätig und hilft, wo er kann. Seine Vitalität befähigt ihn, große Hindernisse zu überwinden. Wenn wir vor großen Herausforderungen stehen, sollten wir uns mit dieser Kraft verbinden – im Rig-Veda heißt es, dass ohne Indra kein Sieg möglich ist.

Indra scheut keine Konflikte. Seine Insignien – Bogen, Speer und Vajra – zeigen, dass er jederzeit zum Kampf bereit ist. Nicht umsonst gilt Indra als Gott des Krieges, als tapferer Eroberer und Held, der gegen die *Asuras*, die Feinde der Götter, kämpft.

Das Wilde, Kriegerische, das Indra verkörpert, hängt jedoch auch mit den Aspekten der Ekstase und Sinnlichkeit zusammen, die Indra ebenfalls zugesprochen werden. Während er sich auf der einen Seite mutig in Abenteuer stürzt und angesichts mächtiger Feinde furchtlos bleibt, ist er amourösen Abenteuern ebenso wenig abgeneigt. Zudem berichten die Veden darüber, dass Indra den Genuss liebt, gute Speisen zu würdigen weiß und gerne große Mengen des berauschenden Göttertranks *Soma* zu sich nimmt.

In seiner Mischung aus Mut, Fruchtbarkeit, Sinnlichkeit und Kreativität verkörpert Indra insbesondere die schöpferischen Kräfte der Natur und steht für Produktivität und Schaffensfreude.

»Wie Indra den Drachen besiegte und das Wasser zurückbrachte«

Indra, der König der Götter, herrschte über den Himmel, die Stürme und den Krieg. Er war ein wahrhaft mächtiger Gott. Seine Stärke, seine Macht und seine Waffen waren nahezu unübertrefflich. Doch nicht immer war Indra der König aller Götter.

Indra und die anderen Götter, die Devas, hatten seit jeher Krieg gegen ihre Brüder, die dämonischen Asuras, geführt – und letzten Endes jede Schlacht gewonnen. Doch als die Dämonen immer lästiger wurden, suchte Indra Rat bei dem dreihäuptigen Weisen Vishvarupa. Dieser Weise war der Sohn des Tvashtri, des göttlichen Schmiedes, der für Indra den Blitzkeil geschmiedet hatte. Vishvarupa erklärte sich bereit, Indra bei seinem Kampf beizustehen – und Indra obsiegte in den folgenden Schlachten wider die Asuras. Doch er spürte, dass die Asuras ebenfalls über eine geheime Kraft verfügten, und wurde misstrauisch.

Und tatsächlich hörte Indra, wie Vishvarupa im heiligen Ritual dasselbe Gebet für Devas und Asuras sprach. Wütend zog er sein Schwert und schlug Vishvarupas drei Köpfe ab. Das kam Tvashtri, dem Vater des Erschlagenen, zu Ohren, und er sann auf Rache. So schuf er den Dämon Vritra, den Herrscher über die Dürre. Auch er war mit großer Macht begabt. Seine äußere Gestalt glich der eines gewaltigen Drachen. Seine Klauen waren wie geschliffene Säbel, seine Fangzähne wie Pfähle und sein Schuppenkleid wie ein Panzer aus Edelsteinen. Vritra trocknete die ganze Erde aus und nahm alles Wasser in sich auf. Dann forderte er

Indra zum Kampf heraus. Der Kampf tobte hin und her, und schließlich gelang es Vritra, Indra zu besiegen und zu verschlingen.
Doch da griffen die Seher und Götter ein und zwangen Vritra, Indra wieder auszuspeien. Indra musste dafür geloben, Vritra fortan weder mit Holz noch Metall noch Stein, weder mit Trockenem noch mit Feuchtem anzugreifen. Indra stimmte schweren Herzens zu, obwohl er immer noch darauf sann, Vritra zu töten. Doch die anderen Götter woben einen Zauber um Vritra, so dass er weder während des Tags noch der Nacht getötet werden konnte.

Indra dachte bei sich, dass er versuchen könnte, Freundschaft mit Vritra zu schließen, um etwas über seine Schwächen herauszufinden. So entdeckte er, dass er Vritra weder am Tag noch in der Nacht töten konnte, und sann darauf, seinen Feind am Abend, wenn es weder Tag noch Nacht war, zu überwinden.
So flog Indra eines Tages mit seinem goldenen Streitwagen von seinem Palast zu dem Berg, um den sich Vritra geschlungen hatte. »Höre, Vritra: Gib das Wasser frei, das der Erde und den Göttern des Himmels Leben spendet – tust du es nicht, so werde ich dich zwingen!« Träge rührte sich Vritra und fragte, wer da seinen Schlaf störe. »Ich bin es, Indra, König der Götter und des Himmels, Gebieter der Stürme. Gehorche meinem Befehl, oder ich werde dich vernichten.«
Vritra sah ihn an und rief: »Sei kein Narr! Weißt du denn nicht, dass ich der König aller Schlangenwesen bin? Niemand darf es wagen, mich herauszufordern, nicht einmal die Götter selbst.« Doch Indra ließ nicht ab. »Magst du auch der König der Schlangen sein – ich bin der König

der Götter. Und ich befehle dir: Lass die Gewässer wieder fließen, oder du wirst sterben.«

Vritra breitete seine Flügel aus und schwang sich himmelwärts. Dann stieß er auf Indra hinab und versuchte ihn mit seinen Klauen zu ergreifen. Indra wich geschickt aus und versetzte dem Dämon einen heftigen Schlag. Doch auch dieser Schlag konnte dem Drachenkönig nichts anhaben. So wogte der Kampf hin und her, und keiner konnte einen Vorteil gewinnen. Vritra gelang es zweimal, Indra so hart zu treffen, dass er seine Kiefer brach – doch Indra warf ihn so heftig zu Boden, dass er im Fall seine Festungen zertrümmerte.

Es ward Abend, und Indra ergriff seine stärkste Waffe, den Blitz. Als Vritra nun auf Indra zuflog, die scharfen Klauen ausgestreckt und die spitzen Zähne gefletscht, warf der Götterkönig seinen Blitz. Der Blitz fuhr in das Fleisch des Dämons, riss seinen Bauch auf, und in einem gewaltigen Monsun strömte das gestohlene Wasser zurück auf die ausgetrocknete Erde.

So schuf Indra den Monsun, der das Leben auf die Erde zurückbrachte.

Meditation über Indra

Durch die Meditation können Sie sich mit der Energie des Wasser-Elements verbinden. Wasser spendet Leben, ist weich und nachgiebig und trotzdem von ungeheurer Stärke. Kraft, Mut und Siegeswille sind, ebenso wie Fruchtbarkeit oder, im übertragenen Sinne, Kreativität, Aspekte, die Indra verkörpert.

Um die Verbindung mit dem Wasser zu stärken, ist es hilfreich, dieses Element wirklich sinnlich vor sich zu haben. Vielleicht können Sie am Meer, an einem See oder einem Fluss meditieren – oder Sie stellen zur Meditation eine Schale klaren Wassers vor sich hin.

QUALITÄTEN:

Mut, Fruchtbarkeit, Kreativität, Entschlossenheit, Lebensfreude

KRAFT/ENERGIE:

klares, blaues Wasser

CHAKRA:

Vishuddha (Hals-) Chakra

MANTRA:

OM – Indraya Namaha

• *Feuer, Wahrheit, Reinheit* •

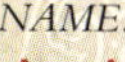

NAME:

Agni

ELTERN:

Eltern: Dyaus (Himmel), Prithivi (Erde)

GEMAHLIN:

Svaha

GESCHWISTER:

Indra, Surya

IKONOGRAFIE:

Feuerroter Mann im Flammengewand, zwei Köpfe, drei Beine, sieben Arme, vier Hörner; Sutra (Halskette), heiliges Buch

REITTIER:

Widder, Streitwagen mit feurigen Rössern und Rauchschwaden

WAFFEN:

Flammenschwert

HAUPTQUALITÄTEN:

Reinheit, Wahrheit

Gemeinsam mit *Indra* und *Vayu* gehört *Agni* zu den wichtigsten Göttern der vedischen Religion. Agni ist der Gott des Feuers (sanskr. »Agni« = »Feuer«). Agni wird einerseits als fleischgewordene Gottheit in sichtbarer Gestalt, andererseits als das Feuer-Element verehrt. Als personifizierte Gottheit hat Agni im Laufe der Zeit stark an Bedeutung verloren, in seiner elementaren Form spielt er aber nach wie vor eine wichtige Rolle. Noch immer entzünden Priester bei vielen Ritualen heilige Feuer – etwa bei Hochzeiten oder Wohnungseinweihungen. Besonders bekannt ist das Feuerritual im Rahmen der Leichenverbrennung. Um die Seele vollständig vom Körper zu lösen, werden die Verstorbenen in weiten Teilen Indiens öffentlich verbrannt. Durch die Reinigung im Feuer wird der Übergang in eine neue Existenz und somit die Wiedergeburt eingeleitet.

»Agni« ist das erste Wort der ersten Hymne des Rig-Veda. Der erste Satz dieser Hymne lautet: *»Agnim ile purohitam / Yajnasya devam rtvijam / hotaram ratnadhatamam.«* (»Agni will ich preisen, den Hohepriester, den Gott, den Herrn der Opferzeremonien, den Quell des höchsten Reichtums.«)

Agni wird als »Mund der Götter« bezeichnet. Seine Gemahlin ist *Svaha*, seine Brüder *Surya* und *Indra*. Meist wird Agni als feuerroter Mann im Flammengewand dargestellt, entweder als junger Mann oder als Greis, was auf die Zeitlosigkeit und Unsterblichkeit Agnis hindeutet. Agni hat zwei Köpfe, die die beiden Pole »Leben« und »Tod« repräsentieren. Seine drei Beine, sieben Arme und vier Hörner stehen für unterschiedliche Reinkarnationen, symbolisieren aber auch die Schnelligkeit, mit der Feuer sich ausbreitet.

Um seinen Hals trägt Agni die »*Sutra*«, die heilige Schnur der Brahmanen, die ebenso wie das heilige Buch, das er in den Händen hält, auf sein grenzenloses Wissen und seine Weisheit hindeutet. Das Flammenschwert symbolisiert die Kraft der Entscheidung. Der Wasserkrug steht hingegen für die Fülle und das Potenzial der menschlichen Seele, das durch Agni ausgeschöpft werden kann. Agnis Reittier ist der Widder, ebenfalls ein Repräsentant feuriger Kräfte. Zuweilen wird Agni auch als ein von feurigen Rossen und Rauchschwaden umgebener Wagen dargestellt.

Agni als unser Begleiter

Agni ist der Götterbote – er stellt den Kontakt zwischen der Welt der Menschen und der der Götter her. Schon vor Tausenden von Jahren wurden die Gebete der Menschheit in Raucherritualen an die Götter gesandt. Diese Möglichkeit steht uns auch heute noch offen.

Obwohl Agni auch Furcht einflößende Aspekte hat – immerhin wird er unter anderem mit Tod und Vernichtung assoziiert – wird dieser Gott in den alten Schriften meist als Vertrauter und Freund der Menschen beschrieben. Das (Herd-)Feuer beschützt den Menschen, spendet Wärme und ist für die Zubereitung der Nahrung von entscheidender Bedeutung. Feuer vertreibt die Dunkelheit und ist in vielen Gegenden der Erde überlebenswichtig.

In vedischen Hymnen wird Agni als »der Geist, der alles durchdringt« besungen. In Agnis Feuer werden die bösen Taten der Menschen nach

dem Tod verbrannt – dieser Reinigungsprozess ist wichtig, um schlechtes Karma abzubauen.

Agni verbindet uns mit der Kraft des Feuers, die wir unter anderem durch Meditation oder *Pranayama* (Atemübungen) in uns wecken können. In unserem Leben ist diese Kraft vielleicht nicht immer offensichtlich, doch sie bestimmt unsere geistige Entwicklung maßgeblich.

Die Energie des Feuers und der Wärme repräsentiert die Kraft der Sonne, der Reinheit und Wahrheit. Sie hängt zugleich mit körperlichen Prozessen wie der Verdauung und dem Stoffwechsel zusammen. Nicht zuletzt hilft die Feuer-Energie uns dabei, unsere sexuellen Energien zu bewahren, die Hitze der Leidenschaft zu entfachen, unsere Vitalität zu erhalten oder Begeisterung zu empfinden und »für etwas zu brennen«, das uns am Herzen liegt.

»Wie Agni das Opferfeuer erlöschen ließ«

Bhrigu, einer der *Rishis*, liebte seine Gattin Puloma über alles. Eines Tages verabschiedete sich Bhrigu von seiner schwangeren Frau, um sich den vorgeschriebenen Ritualen und Waschungen zu unterziehen.

Kaum war er fort, da geschah es, dass ein Dämon, Rakshasa, zu Bhrigus Haus kam. Kaum hatte er Puloma erblickt, ergriff ihn die Wollust und überwältigte seinen Verstand. Puloma bewirtete den Gast, wie es sich gehörte. Doch der Rakshasa brannte vor Begierde und beschloss, sie zu entführen.

Er suchte das Opferfeuer auf und fragte: »O Agni, sage mir: Wer ist diese vollkommene Frau? Ist es dieselbe Frau, mit der ich einst verlobt war, doch die ihr Vater schließlich dem Brighu gab? Ich habe beschlossen, sie mit mir zu nehmen.«

Agni, der Gott des Feuers, zögerte mit seiner Antwort, denn er wollte keinesfalls die Unwahrheit sagen – andererseits fürchtete er Bhrigus Fluch. Doch schließlich antwortete er aufrichtig: »Rakshasa, es ist wohl wahr, das sie Puloma ist, die zunächst dir anverlobt war. Doch du hast sie nicht mit den nötigen heiligen Riten und Gebeten angenommen. So versprach ihr Vater sie dem Bhrigu. Sie ist die rechtmäßige Ehefrau von Bhrigu. Ja, sie ist es, ich kenne sie. Ich will keine Unwahrheit sagen, denn aus Falschheit wird niemals Gutes entstehen.«

Kaum hatte er dies vernommen, verwandelte sich der Rakshasa in einen Eber und trug Puloma in Windeseile davon. Puloma aber gebar ihr Kind ob dieser Aufregung vorzeitig. Das Kind kam strahlend, wie eine Sonne, zur Welt. Es erstrahlte so hell, dass die Glut den Rakshasa sofort zu Asche verbrannte. Puloma nahm ihr Kind Chyavana, den Gefallenen, und lief davon. Als Bhrigu von dem Geschehen hörte, wurde er wütend und fragte Puloma: »Wer hat dich an den Rakshasa verraten, so dass er sich entschloss, dich fortzutragen? Er konnte nicht wissen, dass du meine Frau bist. Also sage mir, wer erzählte dem Rakshasa von dir, damit ich ihn verfluchen kann.« Und Puloma erwiderte: »O mein Gebieter, ich wurde von Agni verraten. Und dann trug mich der Rakshasa fort, und nur durch den feurigen Glanz deines Sohnes wurde ich gerettet, denn als der Rakshasa ihn erblickte, ließ er mich los, fiel zu Boden und wurde zu Asche verbrannt.« Als Bhrigu dies hörte, verfluchte er Agni: »Von jetzt an sollst du alles verschlingen!«

Agni sprach zum Rishi: »Was soll diese Übereiltheit? Was wirfst du mir vor, da ich doch nur die Wahrheit sprach? Ich könnte dich ebenfalls verfluchen, doch ich habe hohen Respekt vor dir. Bitte, höre mich aufmerksam an. Ich vervielfältige mich in verschiedenen Formen und bin an allen Orten gegenwärtig, wo heilige Riten durchgeführt werden. Mit der Butter, die gemäß den Geboten der Veden in meine Flamme gegossen wird, werden die Götter und Ahnen versorgt. Sie alle werden durch meinen Mund genährt und verzehren die geklärte Butter, die in mich gegossen wird. Doch wenn ich der Götter und Ahnen Mund bin, wie könnte ich dann der Verschlinger unreiner Dinge sein?« Doch es war zu spät – der Fluch war wirksam. Und so zog Agni sich von allen heiligen Opfern und Zeremonien zurück. Große Sorge kam auf, als der Verlust des heiligen Feuers deutlich wurde.

Die Rishis traten voller Angst vor die Götter und sprachen zu ihnen: »O Ihr makellosen Höchsten! Die Welten sind in großer Gefahr. Ohne das heilige Feuer können die Opferzeremonien nicht vollzogen werden. Bitte sagt uns, was zu tun ist. Wir können keine Zeit verlieren!«

Nachdem Brahma ihre Worte vernommen hatte, rief er Agni zu sich und sprach ruhig zu ihm: »O Agni, du bist der Erhalter der drei Welten und aller Opfer und Riten. Du allein bist immer rein im Universum, und du bist sein Halt. Lasse dich nicht verwirren: Nie wirst du mit deinem ganzen Körper unterschiedslos alles verschlingen. Nur die Flammen im niederen Teil deines Körpers werden von allem gleichermaßen essen. Nur der Körperteil von dir, welcher Fleisch ist, also dein Magen, soll alles ohne Unterschied verschlingen. Und so wie alles rein wird, was die Sonnenstrahlen berühren, so soll auch alles rein werden, was deine Flammen verzehren. Denn in dir, Agni, lebt die höchste Kraft. Daher, sei unbesorgt und lasse den Fluch des Rishi getrost wahr werden. Empfange weiter deinen Anteil und den der Götter, welcher deinem Mund geopfert wird.«

Da erwiderte Agni dem Brahma: »So sei es.« Und er ging davon, den Worten des Höchsten zu gehorchen. Die Himmlischen und Rishis kehrten erfreut zu den Opferstätten zurück, von denen sie gekommen waren. Die Rishis fuhren fort mit ihren Riten und Opferzeremonien, was die Götter im Himmel milde stimmte und alle Wesen der Welt zutiefst erfreute.

Und Agni war froh und stolz, frei von Sünde zu sein.

Meditation über Agni

Transformation, Wahrheit, Reinheit, Energie, Durchsetzungskraft – alle diese Qualitäten hängen mit Agni zusammen, und wir können uns während der Meditation auf diese Kräfte konzentrieren. Noch leichter ist es, sich auf das Manipura-Chakra, das auf Höhe des Solarplexus liegt, zu konzentrieren. Dadurch können Sie die Feuer-Energie in sich wecken.

Agni ist der Gott des Feuers – und daher können Sie die Meditation vertiefen, indem Sie sich symbolisch mit dem Feuerelement umgeben. Zünden Sie dazu drei Kerzen an. Eine stellen Sie zu Ihrer Rechten, eine zur Linken und eine vor sich.

Sie können noch tiefer gehen, indem Sie ein kleines Ritual vornehmen: Schreiben Sie, während Sie bereits zwischen den drei leuchtenden Kerzen sitzen, auf ein Blatt Papier eine Frage, die Sie beantwortet haben möchten. Lesen Sie diese Frage dann laut vor und verbrennen Sie das Papier in einer (feuerfesten) Schale. Schließen Sie dann die Augen, konzentrieren Sie sich auf das Manipura-Chakra und lauschen Sie in sich hinein, wie Agni Ihnen eine Antwort auf Ihre Frage eingibt ...

QUALITÄTEN;

Transformation, Wahrheit, Reinheit, Energie, Durchsetzungskraft

KRAFT/ENERGIE;

strahlendes Licht, Feuer

CHAKRA;

Manipura (Solarplexus-) Chakra

MANTRA;

OM – Mahajwalaye Vidmahe / Agnidevaye Dhimahi / Tanno Agnih Prachodayat / OM (OM. Gelobt sei der mächtige Gott des Feuers, der in den lodernden Flammen lebt. Möge der strahlende Agni mich inspirieren und meinen Geist erleuchten.)

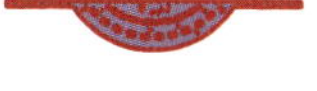

Atem, Leben, Bewegung

NAME:
Vayu

ELTERN:
Varuna (aus dessen Atem geboren)

GEMAHLIN:
Vayavi

GESCHWISTER:
Indra, Surya

IKONOGRAFIE:
helle, oft weiße Haut, bunte Kleidung, zwei Fahnen

REITTIER:
Antilope, strahlender Wagen,
von wilden, roten Pferden gezogen

WAFFEN:
Donnerkeil, Pfeil und Bogen

HAUPTQUALITÄTEN:
Schnelligkeit, Ausdauer, Bewegung
und Sensibilität

Das Sanskritwort »*Vaya*« bedeutet »Luft«, während »*Pavana*« mit »Wind« übersetzt wird. Doch beide beziehen sich auf die gleiche Gottheit: *Vayu* – den Gott des Windes und der Luft, der darum auch als *Pavana* oder *Vata* bekannt ist. Den alten Schriften zufolge ist Vayu der Atem *Varunas*, des mächtigen und strengen Gottes der vedischen Zeit, der Himmel und Erde zusammenhält. Vayu bildet gemeinsam mit *Agni* und *Indra* eine Trimurti. Er steht für *Prana*, den Lebensatem, der zugleich die Urenergie allen Lebens ist. Vayu wird sowohl in seiner personifizierten Form als auch in seiner elementaren Naturerscheinung – im Wind, im Sturm, Gewitter oder in der klaren und lebensspendenden Luft – verehrt.

Vayu repräsentiert die Energie des Atems und die Schnelligkeit. In den Veden wird er zuweilen als wütender Gott, meist jedoch als Heiler und Glücksbringer beschrieben. In der alten Zeit wurde Vayu in Ritualen verehrt, um Nachwuchs zu erbitten.

Vayu gilt als Vater der *Maruts*, der Gottheiten, die Sturm, Wind und Regen lenken. Sein Schwiegersohn ist *Tvashtri*, der göttliche Künstler. Auch wird Vayu als spiritueller Vater *Hanumans*, des Gottes in Affengestalt, genannt. Vayus Gemahlin ist *Vayavi*.

Auf den meisten Darstellungen hat Vayu eine sehr helle, oft sogar weiße Haut und trägt bunte Kleider. Sein glänzender, strahlender Wagen wird von wilden roten Pferden gezogen. Die Anzahl der Rosse schwankt von zwei bis tausend, je nachdem, ob Vayu in Form einer sanften Brise oder eines tosenden Sturms erscheint.

Vayus Reittier ist die Antilope, die ebenso wie er selbst für Schnelligkeit, Ausdauer, Bewegung und Sensibilität steht. Neben Donnerkeil sowie Pfeil und Bogen hält Vayu eine oder zwei Fahnen in der Hand.

Die Fahne ist einerseits ein Symbol für den Wind und die Luft, repräsentiert aber auch den flatterhaften, menschlichen Geist, der in ständiger Bewegung ist.

Vayu als unser Begleiter

Indem wir uns auf meditative Weise mit Vayu verbinden, nehmen wir Kontakt zum Luftelement auf. Qualitäten wie Schnelligkeit und Beweglichkeit können dadurch kultiviert werden. Damit sind insbesondere die geistige Flexibilität und ein schnelles Auffassungsvermögen gemeint.
Doch auch auf körperlicher Ebene wirkt die Energie Vayus heilsam. In den Veden wird der Wind als »Atem der Erde« bezeichnet. Die Lebensenergie Prana, die unmittelbar mit Vayu zusammenhängt, durchdringt alles Sein und versorgt unseren Körper und Geist mit Energie. Vayu wird oft mit Prana gleichgesetzt. Prana ist der Lebenshauch, der uns inspiriert und lebendig hält. Letztlich dienen alle Yoga- und Meditationstechniken dem Ziel, unser Prana zu erhöhen. Je nachdem, ob wir über viel oder wenig Prana verfügen, haben wir eine starke oder schwache Ausstrahlung auf andere Menschen.
Durch Vayu können wir erkennen, wie eng Atem, Bewegung und Lebendigkeit miteinander zusammenhängen. Nur wenn wir in Bewegung bleiben, können wir wachsen und uns entwickeln. Und nur wenn wir in Bewegung bleiben, können wir Leid vermeiden und glücklich werden, denn das Starre ist dem Tod geweiht, während das Bewegliche das Leben ausmacht.

Immer dann, wenn wir dazu neigen, uns festzufahren, wenn wir unter geistigen oder körperlichen Blockaden leiden, ist es hilfreich, sich mit dem Luftelement zu verbinden.

Vayu wird in den vedischen Hymnen als Gott von außergewöhnlicher Schönheit und als »Träger der Düfte« beschrieben. Duft, Schönheit, Sinnlichkeit und die bei allen indischen Göttern spürbare Lebensbejahung sind weitere Aspekte, die wir entdecken, wenn wir uns mit der Kraft Vayus verbinden.

Meditation über Vayu

Sie können in der Meditation ein Bild Vayus visualisieren – ich empfehle Ihnen jedoch, sich Vayu über den »Umweg« der Chakras zu nähern und über Ihr viertes Chakra zu meditieren. Durch das Herz-Chakra können Sie Kontakt zur Energie Vayus aufnehmen und zugleich das Strömen des Prana in Ihrem fein- und grobstofflichen Körper unterstützen.

QUALITÄTEN:

Schnelligkeit, Beweglichkeit, Flexibilität, Lebensenergie, Inspiration

KRAFT/ENERGIE:

Atem, Wind

CHAKRA:

Anahata (Herz-) Chakra

MANTRA:

YAM

»Vayus Wettstreit«

Vayu, der Gott des Windes und Atem Varunas, wurde einst von den geringeren Gottheiten, die die menschlichen Sinne und Körperfunktionen beherrschten, herausgefordert: Sie wollten einen Wettstreit, um herauszufinden, wer von ihnen der Stärkste sei. Vayu lächelte und ging darauf ein. Sie vereinbarten, dass eine Gottheit nach der anderen eines Menschen Körper verließe – und sie würden beobachten, welche Kraft er am meisten vermisse.

So verließen nacheinander das Gehör, das Sehen, die Bewegung der Gedärme, die Bewegung der Glieder, der Tastsinn und andere den Menschen. Stets lebte der Mensch weiter, wenn auch von Leiden geplagt. Es war nicht zu erkennen, welche der Gottheiten die wichtigste wäre.

Da verließ Vayu den Körper: Alle anderen Gottheiten wurden wie von einem starken Pferd, das Holzpfähle aus dem Boden zieht, aus dem Körper des Menschen herausgezogen, und der Körper starb. Da erkannten die geringeren Gottheiten, dass ihre Macht ganz und gar von Vayu abhing und dass Vayu sie mühelos besiegen konnte, und sie verneigten sich vor dem Herrn der Winde.

Das war nicht der einzige Wettstreit, den Vayu gewann.

Vayu und Meru, der Götterberg, waren gute Freunde. Doch der missgünstige Dämon Narada stiftete sie an, herauszufinden, wer mächtiger sei. So blies Vayu mit aller Kraft auf Meru, doch Garuda, der mächtige

Götter-Adler, breitete seine gewaltigen Schwingen aus und lenkte die Winde von Meru fort. Ein ganzes Jahr lang blies Vayu, doch durch Garudas Schutz hielt Meru stand.

Da flüsterte Narada in Vayus Ohr: »Halte eine Weile inne – dann wird Garuda glauben, dass du aufgegeben hast!« Und tatsächlich ließ Garuda seine Schwingen sinken. In diesem Augenblick blies Vayu mit aller Kraft. Und noch bevor Garuda seine Flügel wieder ausbreiten konnte, gelang es Vayu den Gipfel des Berges fortzublasen – der Gipfel flog über das Land und stürzte ins Meer. So entstand Sri Lanka.

BRAHMA

• Der Schöpfer •

NAME:
Brahma

ELTERN:
Keine – aus der Lotosblume, dem Wasser oder dem Ur-Ei geboren

GEMAHLIN:
Saraswati

KINDER:
Die elf Urväter der Menschheit und die sieben Rishis (die großen Weisen)

IKONOGRAFIE:
Auf Lotosblüte sitzend, rote Kleidung, Krone, Bart, vier Köpfe und vier Hände, die ein Buch, eine Gebetskette, einen Wasserkrug und ein Zepter halten

REITTIER:
Schwan oder Gans

WAFFEN:
keine

HAUPTQUALITÄTEN:
Kreativität

Neben *Vishnu* und *Shiva* gehört *Brahma* zu den Hauptgöttern im Hinduismus und bildet mit ihnen eine Trimurti. Während Vishnu das Prinzip des Bewahrens und Shiva die Zerstörung repräsentiert, ist Brahma der Gott der Schöpfung. Er selbst wurde aus einer Lotosblume geboren. Andere Legenden berichten von seiner Geburt aus dem Wasser oder aus Hiranyagarbha, dem goldenen Ur-Ei, das der unvergängliche Schoß aller Dinge ist.

Brahma gilt als Schöpfer von Himmel und Erde, von Sonne und Mond. Während er in vielen Sagen eine zentrale Rolle einnimmt, ist er in den traditionellen Ritualen kaum noch von Bedeutung. Brahma ist unsichtbar, und er lebt ewig. Allein ein einziger Tag in Brahmas Leben dauert mehr als vier Milliarden Menschenjahre.

Brahma, der übrigens nichts mit den Begriffen »*Brahmane*« oder »*Brahman*«, der universellen Weltseele, zu tun hat, ist der Herr aller Wesen und der Herrscher über Klang und Sprache. Sein Beiname lautet *Prajapati*. Zuweilen wird Brahma auch *Purusha*, *Ishvara* oder *Kanja* (»der im Wasser Geborene«) genannt oder mit diesen gleichgesetzt. Als seine Gattinnen werden *Saraswati, Gayatri,* die Mutter der Veden, und *Savitri* genannt.

»Die Kinder Brahmas«

Als Brahma das Universum erschuf, sah er, dass er Hilfe brauchte, und gebar aus seinem Geist die elf Urväter der Menschheit, die *Prajapatis* und die sieben *Rishis*, die großen Weisen der Vorzeit.
Diese Kinder Brahmas sind nicht aus seinem Leib entstanden, sondern es sind seine Geisteskinder, die *Manasputras*.
Brahma erkannte, dass die Welt noch im Chaos lag, weil noch etwas Unverzichtbares fehlte: der Gegenpol zu seinem männlichen Prinzip. So trennte er einen Teil von seiner Hüfte ab und erschuf *Shatarupa*, die dereinst seine *Shakti* werden sollte – *Saraswati*, die Göttin der Weisheit und Schöpfungskraft.
Und da nun auch das weibliche Prinzip in der Welt war, konnte die Erschaffung aller Lebewesen beginnen.

Die Ikonografie zeigt Brahma auf einer Lotosblüte sitzend oder stehend. Meist trägt er rote Kleidung. In seinen vier Händen hält er ein Buch (die Veden), einen Gebetskranz oder eine Gebetskette, einen Wasserkrug, der das Prinzip der Schöpferkraft symbolisiert, und ein Zepter. Brahma gehört zu den wenigen indischen Göttern, die keine Waffen tragen.
Das Gold in der Gesichtsfarbe deutet auf Reinheit und Tatkraft hin, die die Voraussetzung für die Schöpfung sind. Die Krone versinnbildlicht höchste Autorität, der schwarze oder weiße Bart Weisheit und ewiges

Leben. Brahmas Reittier ist die mystische Gans oder der Schwan, der ihn blitzschnell an jeden Ort im Universum bringen kann und ebenfalls Reinheit und Weisheit repräsentiert.

Brahma ist leicht zu erkennen, da er vier Köpfe hat, von denen auf Darstellungen zumeist nur drei sichtbar sind. Die vier Gesichter repräsentieren die vier Himmelsrichtungen. In Legenden wird zudem berichtet, dass Brahma mit jedem seiner vier Gesichter unablässig aus den vier Veden rezitiert. Ursprünglich hatte Brahma jedoch nicht vier, sondern sogar fünf Köpfe. Wie es dazu kam und warum ihm schließlich ein Kopf abgeschlagen wurde, das berichten die beiden folgenden Geschichten:

»Wie Brahma fünf Köpfe bekam«

Ursprünglich besaß Brahma nur einen Kopf. Nachdem er aus sich selbst heraus Shatarupa erschaffen hatte, betrachtete er sie: Unvergleichlich schön und lieblich war sie. In gewisser Hinsicht war Brahma ihr Vater, denn er hatte sie selbst gezeugt. Doch Brahma fühlte beim Anblick der göttlichen Weiblichkeit nicht als Vater, sondern er verliebte sich sogleich in Shatarupa.

Sie jedoch, die junge Göttin, war schüchtern und verwirrt – war sie nicht die Tochter Brahmas und eine Verbindung mit ihm Sünde? So entzog sie sich scheu Brahmas Werben.

Brahma jedoch, um seine Geliebte immerfort zu sehen, ließ sich drei weitere Köpfe wachsen, so dass seine vier Köpfe in jede Himmelsrichtung blickten. Shatarupa konnte sich also nirgends befinden, ohne Brahmas vor Liebe glühenden Blicken ausgesetzt zu sein. Ob Westen, Osten, Süden oder Norden – überall weilte Brahmas Auge.

Schließlich flüchtete Shatarupa vor ihm in den Himmel. Doch Brahma ließ sich einfach einen fünften Kopf wachsen, dessen Hals so lang war, dass er bis in die himmlischen Gefilde reichte.

Lange warb er um Shatarupa, und schließlich erlag sie seinem Werben und wurde Brahmas Shakti: Saraswati. Und Brahma versprach ihr, dass durch ihre Vereinigung die Lebewesen der Welt entstehen sollten. Brahma aber war jetzt der Fünfköpfige.

»Wie sein Hochmut Brahma den Kopf kostete«

Einst stritten sich Vishnu und Brahma, wer von ihnen wohl der höchste Gott sei. Es erschien eine Lichtsäule, die unendlich weit in den Himmel und die Erde ragte. Wer den Ursprung oder das Ende dieser Säule fände, sollte als der Größere gelten.

So flog Brahma als Schwan in die Höhe, während sich Vishnu in Gestalt eines Ebers in die Erde grub. So weit Brahma nach oben flog, so tief Vishnu auch nach unten grub – keiner konnte Ursprung oder Ende ergründen, und sie gaben den Wettstreit auf. Brahma wollte jedoch unbedingt der Sieger sein. Und so brachte er eine Blüte mit, von der er behauptete, sie am Ende des Lichtes gefunden zu haben. Er forderte Vishnu auf, ihn anzubeten.

Bevor Vishnu darauf etwas entgegnen konnte, trat mit einem Donnerschlag Shiva aus dem Licht, und die beiden anderen erkannten, dass Shiva der Mächtigste von allen war. Shiva war so voller Wut über den Hochmut Brahmas, dass er ihm seinen fünften Kopf abschlug.

Seither ist Brahma als der Vierköpfige bekannt.

Brahma als unser Begleiter

In den alten Schriften wird Brahma als Quelle der Kreativität und der Schöpferkraft verehrt. Wir können uns mit dieser Kraft verbinden, wenn wir über Brahma meditieren. Gerade in Phasen des Neubeginns ist dies hilfreich: Immer dann, wenn wir uns beruflich umorientieren, neue Impulse für eine zwischenmenschliche Beziehung brauchen oder uns von alten Verhaltensweisen verabschieden wollen, immer wenn es darum geht, neue Ideen zu entwickeln und die Dinge wieder klar zu sehen, kann Brahma uns den Weg weisen. Brahmas Qualität ist die Qualität der Schöpfung, die das Werden und Wachsen einschließt. Wann immer wir uns dafür entscheiden, neue Wege zu gehen und das Alte hinter uns zu lassen, sollten wir mit Willenskraft und Urvertrauen handeln.

Meditation über Brahma

Das Chakra, über das wir uns mit der Energie Brahmas verbinden können, ist das Muladhara- oder Basis-Chakra. Es liegt am untersten Ende der Wirbelsäule und repräsentiert die Qualitäten Willenskraft, Lebenswillen und Urvertrauen. Die rote Farbe des Muladhara-Chakras, die wir auf vielen Darstellungen auch in den Gewändern Brahmas entdecken können, symbolisiert die Lebensenergie, die von diesem Zentrum ausgeht. Die Meditation hilft uns, die Stille und Klarheit zu finden, die wir brauchen, um weise Entscheidungen treffen zu können.

QUALITÄTEN:

Kreativität, Urvertrauen, Willenskraft

KRAFT/ENERGIE:

rot strahlende Lebensenergie

CHAKRA:

Muladhara (Wurzel-) Chakra

MANTRA:

OM – Sat Chid Ekam Brahma

»Brahmas Gunst und Brahmas Zorn«

Die Götter und die Dämonen kämpften immer wieder miteinander, und es wurden große Schlachten geschlagen. Doch es gab Zeiten, in denen die Götter den Dämonen nicht feindlich gesinnt waren.

Nach der großen Schlacht, in der Skanda den Dämonen Taraka vernichtet hatte, taten die drei Söhne des Taraka – Tarakaksa, Kamalaksa und Vidyunmalin – Buße. Sie legten die strengsten Gelübde ab, fasteten, bis sie ganz ausgemergelt waren, lebten enthaltsam und meditierten. Nachdem sie dies lange Zeit getan hatten, ruhte Brahmas Auge mit Wohlgefallen auf ihnen, und er wollte ihnen einen Wunsch gewähren. Da baten sie um Unsterblichkeit. Brahma schüttelte den Kopf. »O Asuras, dies ist nicht möglich: Denn alles überwindet die Zeit. Euer Wunsch ist gegen das Dharma, das Weltgesetz. Wünscht euch etwas anderes.«

Die drei Dämonenbrüder überlegten und sprachen schließlich demütig: »O Brahma, gewähre uns dies: drei Städte, in denen wir leben, bis wir in tausend Jahren uns vereinen. Und das Wesen, das mit seiner Waffe die drei vereinten Städte durchstoßen kann, wird uns den Tod bringen.«

Brahma gewährte ihnen diesen Wunsch, und so schufen die drei Brüder mit Hilfe des Asuras Maya drei Städte: eine goldene im Himmel für Tarakaksa, eine silberne in der Luft für Kamalaksa und eine eherne auf der Erde für Vidyunmalin. Herrlich waren diese Städte anzusehen, unvergleichlich. Maya, mit der Kraft der Illusion, erfüllte alle Wünsche jener, die in diesen Städten lebten. Und so strömten unzählige Dämonen in die drei Städte.

Der Sohn Tarakaksas, Hari, war ein großer Held und Asket, und Brahma gewährte auch ihm einen Wunsch. Hari verneigte sich und bat darum, einen See in der goldenen Stadt erschaffen zu dürfen. Ein Bad darin würde Erschlagene zum Leben erwecken und ihnen doppelte Kraft verleihen. Brahma gewährte ihm den Wunsch.

Als die Dämonen erkannten, dass fortan ihre Toten mit doppelter Kraft zurückkehrten, verloren sie alle Ehrfurcht, und sie begannen, die drei Welten zu unterjochen. Ohne Scham, von Gier und Torheit getrieben, überfielen sie alle Orte – sogar die Stätten der Götter und die Zufluchtsorte der Rishis.

Keiner konnte sie aufhalten, nicht einmal Indra mit seinem Donnerkeil. So wandten sich die Götter schließlich an Brahma, und Brahma sprach: »Ich ergreife nicht Partei. Doch das Unrecht muss bekämpft werden. Es gibt nur ein Mittel, die Dämonen zu überwinden: Die drei Dämonenstädte müssen mit einem Speer durchstoßen werden. Nur Shiva kann dies vollbringen.«

Und so begaben sich die Götter und die Rishis zu Shiva, priesen und ehrten ihn als Herrn des Universums. Shiva hieß sie willkommen und fragte sie lächelnd nach dem Grund ihres Besuchs.

Die freundlichen Worte des dreiäugigen Shiva machten den Göttern die Herzen leicht, und sie trugen ihm ihr Anliegen vor. Und Brahma schloss mit den Worten: »So geziemt es sich für dich und niemand anderen, o Herr der Vergangenheit, Gegenwart und Zukunft, diese unverschämten Dämonen zu vernichten. Du bist der Einzige, der den Sieg erringen kann. Daher ersuchen wir dich um deine Hilfe und Güte.« Shiva antwortete: »Wahrlich, alle Feinde werden vernichtet werden. Ganz allein vermag ich es jedoch nicht. Gebt mir alle die Hälfte eurer Kraft, und ich werde die Dämonen besiegen.« »So sei es!«, sprachen die Götter, und Shiva erhielt von jedem Gott die Hälfte seiner Kraft. Seine Macht war nun größer als jede andere im Kosmos. »Mit Bogen, Pfeil und Speer werde ich von einem Streitwagen aus die Feinde vernichten!«, rief Shiva.

Und die Götter besorgten den Wagen und die Waffen. Der Wagen war aus Bergen, Flüssen und Sternen gemacht, die Räder waren Sonne und Mond. Das Gefährt strahlte wie tausend lodernde Opferfeuer.

Shiva bestieg seinen Streitwagen und nahm seine göttlichen Waffen, mit denen er die Feinde der Götter zerstören würde. Der Tod selbst wurde sein Bogen, sein Schatten die unzerstörbare Bogensehne. Vishnu, Agni und Soma bildeten den Pfeil. In den Pfeil legte Shiva seinen ganzen, schrecklichen unbezwingbaren Zorn, das unauslöschliche Feuer seiner Wut.

Shiva fragte die Götter: »Wer wird nun mein Wagenlenker sein?«

Und die Götter wählten Brahma, den Schöpfer der Welten, zum Wagenlenker Shivas. Der packte seinen Bogen fester, und die Feinde erzitterten. Shivas Kraft strahlte blendend hell.

Brahma lenkte den Wagen in Gedankenschnelle zu den drei Städten. Nanda, Shivas Stier, brüllte, und viele Dämonen hauchten ihr Leben aus. Doch unzählige von ihnen wandten sich kampfbereit gegen Shiva. Sein Zorn wuchs, und die drei Welten erbebten. Shiva spannte seinen Bogen und legte den Pfeil auf. In diesem Moment wurden die drei Dämonenstädte eins, wie die Prophezeiung gesagt hatte. Die Götter jubelten, und Shiva, der Unvergleichliche, ließ den Pfeil fliegen, der die Macht des gesamten Kosmos in sich trug. Der machtvolle Pfeil durchschlug die drei Städte, und die vereinte Stadt der Dämonen war nicht mehr.

Darauf erlosch das Feuer von Shivas Zorn und die Götter dankten und ehrten Shiva mit bewundernden Worten. So handelte Shiva, der Herr der Götter und Dämonen, zum Wohle der Schöpfung, und sein Wagenlenker war Brahma, der Schöpfer der drei Welten.

SARASWATI

• *Die Weisheit* •

NAME:
Saraswati

ELTERN:
von Brahma erschaffen

GATTE:
Brahma

IKONOGRAFIE:
Auf Lotosblüte sitzend, blütenweiße Gewänder, vier Arme, Vina (indische Laute)

REITTIER:
Schwan

WAFFEN:
keine

HAUPTQUALITÄTEN:
Weisheit, Fruchtbarkeit, künstlerische Kreativität

Saraswati ist die Göttin der Weisheit, der Gelehrsamkeit und der Künste. Sie ist Brahmas Shakti – also Brahmas weibliche Kraft, ohne die keine Schöpfung stattfinden kann. In der Mythologie ist Saraswati sowohl Brahmas Gattin als auch seine Tochter. Diese unterschiedlichen Interpretationen kommen dadurch zustande, dass es in den alten Schriften lediglich heißt, dass Brahma sich »in Mann und Frau teilte«.

Zusammen mit *Lakshmi* und *Parvati* bildet Saraswati eine Trimurti. Der Sanskritname »Saraswati« bedeutet »die Fließende«. In den Veden wurde Saraswati ursprünglich als Flussgöttin verehrt. In der Rig-Veda galt sie als Personifizierung des gleichnamigen heiligen Flusses, der im Himmel entspringt und als »unendlicher Fluss des Wissens« verehrt wurde. Saraswati verkörpert den Strom göttlicher Gnade. Sie gilt als Ur-Mutter der Schöpfung, steht aber auch für Fruchtbarkeit und Kreativität.

Saraswati, die sowohl Künstler als auch Intellektuelle inspiriert, wird heute noch in vielen Ritualen verehrt. Gläubige Hindus opfern ihr Honig, der die Fülle des Lebens repräsentiert. Im Frühjahr ist ihr ein besonderer Feiertag gewidmet: *Vasant Panchami*.

Saraswati wird auch als *Mahavidya*, die Göttin der Weisheit, *Vac*, die Herrscherin über die Sprache, oder *Brahmani*, Brahmas Gattin, bezeichnet. Saraswatis Eltern sind *Shiva* und die Göttin *Durga*.

Auf Gemälden wird Saraswati als schöne und trotz ihres Temperaments immer freundliche junge Frau gezeigt. Sie sitzt auf einer Lotosblüte inmitten eines heiligen Sees, der den Ursprung der Schöpfung versinnbildlicht. Meist trägt sie blütenweiße Gewänder, die ihre Reinheit und vollkommene Schönheit zur Geltung bringen. Verstärkt wird dieser Eindruck durch ihr Reittier, den weißen Schwan, der ebenfalls Schönheit und Gnade symbolisiert.

Ihre vier Arme stehen für unterschiedliche Aspekte des Wissens: Geist, Intellekt, konditioniertes Bewusstsein und Ego. Je nach Darstellung werden verschiedene Gegenstände in den Händen oder zu Füßen Saraswatis abgebildet. Dazu gehören die Perlenkette, die auf die Kraft der Spiritualität hindeutet, die Seemuschel, die das Geheimnis der Weiblichkeit symbolisiert, oder der Wasserkrug, die Sanduhr, der Dreizack und die Lotosblüten, die allesamt mit der göttlichen Präsenz in Verbindung gebracht werden. In Gemälden aus Südindien ist auch der Pfau, ein Symbol für die Schönheit, häufig zu sehen.

Das zentrale Saraswati-Motiv jedoch ist die *Vina*, eine Art indischer Laute. Sie gilt als das edelste aller Saiteninstrumente und wird noch heute als »*Saraswati Vina*« bezeichnet. Vinas spielen in der altindischen Ritualmusik eine wichtige Rolle. Diese Musik ist ein Ausdruck von Bhakti und dient dazu, die Götter gnädig zu stimmen. Die Vina repräsentiert aber nicht nur die Musik, die aus dem Herzen strömt, sondern auch die Virtuosität.

»Saraswatis Wut«

Eines Tages war es Brahmas Aufgabe, ein Yajna-Ritual durchzuführen. Es war ein wichtiges und großes Ritual, und alle Götter nahmen daran teil. Als der wichtigste Teil des Rituals näher rückte, wurde Brahma unruhig. Saraswati war nämlich vonnöten, um das Ritual zu vollenden. Also schickte Brahma ein paar Priester aus, um Saraswati zu holen. Die Brahmanen kamen mit der Nachricht zurück, dass Saraswati nicht kommen würde.

»Ich bin noch nicht bereit und noch mit häuslichen Aufgaben beschäftigt«, hatte sie ihnen gesagt. »Auch sind die Frauen der anderen Götter noch nicht erschienen. Nicht einmal Lakshmi und Parvati. Soll ich vielleicht allein, als einzige Frau, in einen Tempel voller Männer kommen? Geht wieder.« So wenig den Brahmanen diese Antwort gefiel, konnten sie trotz aller Überredungsversuche nichts dagegen ausrichten und überbrachten die Botschaft.

Brahma war außer sich vor Wut, und er schickte Indra aus, ihm eine neue Braut zu suchen, damit er das Yajna-Ritual regelgerecht durchführen konnte. »Nimm die erste Jungfrau, der du begegnest!«, wies er Indra an. Indra musste nicht lange suchen. Die erste, der er begegnete, war eine junge und hübsche Kuhhirtin, Gayatri, eine Göttin, die aus einer der heiligen Hymnen hervorgegangen war. Indra brachte sie zu Brahma, und sie wurden den Regeln gemäß verheiratet. Die Hochzeit war gerade auf ihrem Höhepunkt angelangt, als Saraswati und die anderen Göttinnen eintraten. Plötzlich herrschte eisiges Schweigen. Glühende Wut stand in Saraswatis Augen geschrieben, und sie verfluchte Brahma, Vishnu und Shiva: Brahma, weil er der Menschheit ein so schlechtes Vorbild war, sollte niemals mehr von den Menschen gehuldigt werden, und kein Tempel solle ihm zu Ehren gebaut werden. Vishnu und Shiva verfluchte sie, weil sie die Hochzeitszeremonie durchgeführt hatten.

Saraswati blickte die drei noch einmal verächtlich an und verließ die Halle, während die Götter ihr bestürzt hinterhersahen. Doch mit der

Zeit verrauchte Saraswatis Wut. Und auch die anderen Göttinnen redeten begütigend auf sie ein. So kehrte sie schließlich in die Zeremonialhalle zurück und entschuldigte sich bei Brahma. Ihre Flüche konnte sie nicht zurücknehmen – der Segen oder Fluch eines göttlichen Wesens wird immer wahr. Aber sie konnte die Flüche abmildern. Und so wird Brahma weiterhin von den Menschen verehrt, doch sind ihm nur wenige Tempel geweiht.

Saraswati als unsere Begleiterin

Weisheit, Wissen, Sprachgefühl und Intelligenz – das sind wichtige Qualitäten, für die Saraswati steht. In Indien wird die Gottheit von Schülern und Intellektuellen – ja von allen Menschen, die wichtige Prüfungen zu bestehen haben – verehrt. Allerdings beziehen sich die Begriffe »Wissen« und »Intelligenz« in diesem Zusammenhang vor allem auf göttliches und weniger auf akademisches Wissen.

In den heiligen Texten wird die Göttin vor allem aber mit Kunst, Kreativität, Musik und Poesie in Verbindung gebracht. Saraswati kann Ihrem Leben Schönheit und Inspiration schenken. Sie gilt als Quelle der Kreativität und Schöpferkraft.

Saraswati weckt den »inneren Künstler« in uns. Sie hilft dabei, die Frage zu beantworten, was in uns zum Ausdruck kommen möchte. Ob durch Musik, Bild oder Wort – jeder Mensch kann seine Kreativität und sein künstlerisches Potenzial aktivieren und dadurch Gefühle wie Liebe oder Freude wecken. Gerade in schwierigen Lebensphasen wie in Kri-

senzeiten, bei Trennungen, Verlusten oder wann immer eine Neuorientierung nötig ist, bleibt es wichtig, dass wir uns nicht von unseren Gefühlen abschotten, sondern im Fluss bleiben.

Meditation über Saraswati

Sie können Ihre Energien befreien und zum Fließen bringen, indem Sie sich mit der Kraft Saraswatis verbinden. Eine wirkungsvolle Methode besteht darin, die Göttin zu visualisieren. Dazu ist es wichtig, sich zuvor in eine Darstellung von Saraswati zu vertiefen. Dadurch wird es Ihnen leichter fallen, ein detailliertes Bild vor Ihrem inneren Auge entstehen zu lassen. Durch die Konzentration auf das Muladhara-Chakra und durch die Anwendung eines Mantras erhöhen Sie die Kraft der Meditation.

QUALITÄTEN:

Weisheit, Wissen, Sprachgefühl und Intelligenz, Schönheit, Inspiration

KRAFT/ENERGIE:

rot strahlende Lebensenergie

CHAKRA:

Muladhara (Wurzel-) Chakra

MANTRA:

OM – Aim Saraswatyei Namaha

Vasant Panchami – Das Fest der Fruchtbarkeit

Im Frühjahr ist Saraswati ein besonderer Feiertag gewidmet: Vasant Panchami. Das Fest läutet den Beginn des Frühlings (Vasant) ein – und zwar am fünften Tag (Panchami) des Hindumonats Magha. Im westlichen Kalender ist das zwischen Ende Januar und Mitte Februar. Das genaue Datum ist, wie beispielsweise auch das christliche Osterfest, etwas kompliziert zu berechnen.

Das Fest zu Ehren Saraswatis feiert die Fruchtbarkeit: die Fruchtbarkeit der Natur und der Menschen, aber auch die geistige und seelische Fruchtbarkeit, in Musik, Kunst, Literatur und Wissenschaft. Einige Zeit, bevor das Fest beginnt, fangen Handwerker an, Figuren für die Gläubigen herzustellen. An jeder Straßenecke kann man in dieser Zeit Verkaufsstände finden, die diese Figuren anbieten. Die Figuren werden in den Häusern oder auf Straßenaltären aufgestellt. Die Straßenaltäre werden sogar extra für diesen Anlass errichtet.

Es gibt unendlich viele Bräuche zu Vasant Panchami; an jedem Ort sind es andere. Doch eines ist in nahezu ganz Indien gebräuchlich: Frauen tragen an diesem Feiertag senfgelbe Saris. Und wie zu jedem richtigen Fest gehört auch zu Vasant Panchami Musik und Tanz. In der Freude des Feierns verehren die Menschen die Göttin.

Wenn Sie ein persönliches Vasant Panchami feiern möchten, tun Sie das am besten im Rahmen einer Feier mit Freunden. Bitten Sie Ihre Gäste, Gelb in ihrer Kleidung zu bevorzugen, dekorieren Sie Ihre Räume in

Gelbtönen, stellen Sie eine Statue von Saraswati auf – und dann feiern Sie einfach ein Fest. Denken Sie daran: Das Fest ist zwar der Göttin geweiht, doch die Göttin fordert Sie auf, das Leben zu genießen!

Sie können sich ganz persönlich auf das Fest vorbereiten, indem Sie über Saraswati meditieren.

• Der Erhalter •

NAME:
Vishnu

ELTERN:
selbst erschaffen

GATTIN:
Lakshmi

IKONOGRAFIE:
Blauer Körper, auf Lotosblüte stehend, meist mit seiner Gattin Lakshmi, vier Arme, Schneckenhorn, Blumenkranz, Juwel auf der Brust

REITTIER:
Garuda (halb Mensch, halb Adler)

WAFFEN:
Wurfscheibe, Keule

HAUPTQUALITÄTEN:
Allwissenheit, Macht, Lebenskraft, Mitgefühl

Vishnu ist wohl die vielschichtigste Gestalt im indischen Götterhimmel. Der »Alldurchdringer«, wie er auch genannt wird, erscheint in unterschiedlichsten Formen und unter verschiedenen Namen.
Schon in der vedischen Zeit wird Vishnu in Sagen beschrieben, meist als Gott der Sonne, des Lichts oder des unermesslichen Raums. Im *Rig-Veda* taucht er zudem als Gott der Rituale auf. Dennoch spielte er dort nur eine untergeordnete Rolle, während er sich später zu einem der Hauptgötter des Hinduismus entwickelt hat.
Gemeinsam mit *Brahma*, dem Schöpfer, und *Shiva*, dem Zerstörer, bildet Vishnu eine Trimurti. Der Aspekt der Göttlichen Dreiheit, den Vishnu repräsentiert, ist das Erhaltende: Vishnu erhält, bewahrt und schützt das Universum.
Um die Schöpfung bewahren zu können und die kosmologische Ordnung zu erhalten, ist es nötig, dass Vishnu sich immer wieder aufs Neue als Tier oder Mensch inkarniert. So ist es kein Wunder, dass Vishnu tausend Namen besitzt und in vielerlei Gestalten sowie in Form von zehn *Avataras* auftritt.

Die zehn Inkarnationen beziehungsweise Manifestationen Vishnus sind ein Spiegelbild der Evolution. Sie illustrieren die Stufen der Entwicklung vom Fisch über das Reptil zum Säugetier, Halbmenschen und Menschen. Sie münden schließlich im erwachten, göttlichen Bewusstsein, wobei *Kalki*, die zehnte Inkarnation Vishnus, die erleuchtete Bewusstseinsstufe der Zukunft repräsentiert. Die zehn Avataras sind:

1. *Matsya* – der Fisch
2. *Kurma* – die Schildkröte

3. *Varaha* – der mythische Rieseneber
4. *Narasimha* – halb Mann, halb Löwe
5. *Vamana* – der Zwerg, der zum Riesen werden kann
6. *Parashurama* – Vishnu in Menschengestalt mit Axt
7. *Rama* – der Held des Ramayana
8. *Krishna* – der Verkünder der Bhagavad Gita
9. *Buddha* (oft auch »*Balarama*«) – im Hinduismus der Bruder Krishnas
10. *Kalki* – der Erlöser, die zukünftige Inkarnation Vishnus.

»Vamanas drei Schritte«

Einst gewann der König der Asuras, Bali, in allen drei Welten die Macht. Er beherrschte Unterwelt, Erde und die himmlischen Stätten, wo die Devas, die Götter und Halbgötter wohnten. Er hatte Indra, den Himmelskönig, entthront und die Devas aus dem Himmel vertrieben.

Sie flehten Vishnu um Hilfe an, und Vishnu erschien in seiner Gestalt als Narayana. In seinen vier Händen hielt er die Lotosblüte, das Muschelhorn, das Feuerrad und das Zepter und sprach: »Seid getrost; ich werde euch helfen!« Und die Devas schöpften wieder Hoffnung.

Vishnu hatte gesprochen und ward in Gestalt eines Zwerges, des Brahmanen Vamana, wiedergeboren.

Als der Asura-Raja Bali einst eine Opferzeremonie abhielt, erschien ein kleiner Brahmane, verneigte sich vor dem König und bat bescheiden darum, dass er ihm einen Wunsch erfüllen möge. Der oberste Ratgeber und Priester des Königs, Shukracharya, raunte ihm ins Ohr: »Hüte dich davor, unbedacht einen Wunsch zu erfüllen!« Doch Bali lachte nur und fragte den Zwerg, wie denn sein Wunsch laute.

»So viel Land, wie ich mit drei Schritten abmessen kann.«

Bali lachte erneut und flüsterte Shukracharya zu: »Wie viel Land wird dieser Zwerg wohl abschreiten können?«

Shukracharya raunte: »Gewähre diesen Wunsch nicht!«

Doch Bali sprach zum Zwerg Vamana: »Alles, was du mit dreien deiner Schritte umschreitest, soll dein sein.«

Der Zwerg verneigte sich und tat seinen ersten Schritt. Im Schreiten wuchs er bis über die Wolken hinaus und bedeckte die ganze Erde. Er tat seinen zweiten Schritt und schritt damit den Himmel ab.

Nun gab es keinen Ort mehr, den Vamana nicht abgeschritten hatte. Aus den Wolken erklang Vamanas Stimme und ließ Bali zittern: »Wo soll ich meinen dritten Schritt hintun?«

Bali kniete nieder und sprach: »Ehrwürdiger, setzte deinen Fuß auf meinen Kopf.«

Und Vamana setzte seinen Fuß auf das Haupt des Dämonenkönigs. Die Berührung durch seinen heiligen und heilenden Fuß ließ alle Macht und Begierde aus Bali entweichen. Und damit verschwand auch die Überheblichkeit und Verwirrung aus Bali, und er wurde erlöst.

Mit Tränen voll Reue wusch Bali die Füße Vishnus, die der Grund des Weltalls sind.

Vishnu ist einer der Söhne der Göttin *Aditis* und gehört somit zu den *Adityas*, jenen wichtigen Gottheiten der indischen Mythologie, die die menschliche Seele von Sünden befreien können. Vishnu ist unter vielen

Namen bekannt; die wichtigsten sind *Hari*, *Bhagavan* (der Erhabene), *Vishvarupa* (der in vielen Gestalten Erscheinende) und *Jagannath* (Herr der Welten). Vishnus Gattin ist *Lakshmi*.

Meist wird Vishnu als jugendlicher Gott in königlichen Gewändern dargestellt. Seine blaue Körperfarbe repräsentiert die heilige Farbe des Wassers und der Luft. Auf vielen Darstellungen sieht man Vishnu, wie er gemeinsam mit seiner Gattin Lakshmi auf einer Lotosblüte steht. Manchmal sitzt Lakshmi ihm auch zu Füßen. Ferner gibt es Bilder, die Vishnu auf dem Rücken seines Reittiers *Garuda* zeigen. Garuda gilt als König der Vögel und ist halb Mensch, halb Adler. Vishnu wird auch auf dem Rücken der heiligen, unsterblichen Schlange *Ananta* dargestellt, die im Weltozean ruht.

Vishnu hat vier Arme: Die beiden vorderen Arme symbolisieren seine irdische, die hinteren seine göttliche Präsenz. Zu den Gegenständen, die Vishnu in den Händen hält, gehört *Sudarshanachakra*, eine scharfe Wurfscheibe, die ihm als Waffe gegen seine Feinde dient, ferner die Lotosblume als Symbol für die Reinheit, und die Keule, mit der er die Dämonen besiegt. Eine Besonderheit ist das Schneckenhorn *Shanka*, das oft fälschlicherweise für eine Muschel gehalten wird. Das Blasinstrument, das zu den ältesten der Welt gehört, wird vor allem in Tibet und Indien in Zeremonien verwendet. Es repräsentiert den göttlichen Urklang und Vishnus Macht, das Universum aufrechtzuerhalten.

Vishnu trägt oft einen Blumenkranz und Ohrringe. Ein weiteres wichtiges Schmuckstück ist das aus dem Ozean stammende göttliche Juwel *Kaushtuba*, das Vishnu auf der Brust trägt und in dem der Sage nach die Göttin Lakshmi wohnt.

»Das Quirlen des Milchozeans«

Ständig stritten die Götter und die Dämonen. Sie bekämpften sich oft mit aller Kraft, und viele von ihnen wurden in den Kämpfen erschlagen. So suchten sie Vishnu auf, den weisen Ratgeber. Dieser schlug ihnen vor, dass sie ein Bündnis miteinander schließen sollten, um Amrita, den Unsterblichkeitstrank, zu erlangen. Götter und Asuras kamen überein, dass sie alles, was sie gemeinsam erreichten, miteinander teilen würden. So gingen sie ans Werk. Sie wanden als Seil den König der Schlangen, Vasuki, um den Berg Meru. Indem nun die Dämonen am Kopf und die Götter am Schwanz der Schlange zogen, begann sich der Berg allmählich immer rascher wie ein Quirl zu drehen: So begann das Quirlen des Milchozeans. Tausend Götterjahre rührten sie auf diese Art, doch der Berg sank immer tiefer und wollte schließlich gänzlich im Ozean verschwinden. Da verwandelte sich Vishnu in die riesenhafte Schildkröte Kurma und schwamm in die bodenlose Tiefe hinab. Schließlich gelangte Kurma an Merus Fuß und schob sich unter den Berg. Ganz langsam hob Kurma den Berg auf dem Rücken aus dem Wasser und stützte ihn. Nun konnten die Götter und die Asuras mit dem Quirl aus Berg und Schlange das Wasser weiter rühren. Es sprudelte und schäumte, bis das Wasser weiß wie Milch wurde.

Auf einmal erfasste eine seltsame Schwäche Götter und Dämonen gleichermaßen. Ein furchtbares Gift, *Halahala,* stieg aus dem Wasser auf und drohte, alle zu vernichten. Da eilte Shiva zu Hilfe, sammelte das Gift in einer Schale aus einem Totenschädel und trank es bis zur Neige aus.

Shiva blieb unbeschadet, doch sein Hals wurde blau. So bekam er den Beinamen *Nilakantha*, »Blaukehle«. Und die Verbündeten konnten mit dem Quirlen des Milchozeans fortfahren. Nach und nach entstiegen dem milchweißen Ozean große Kostbarkeiten.

Chandra, der Mond, stieg aus dem Ozean und schmückte fortan die Stirn Shivas. Airavata, der Elefant, erschien und begleitete fortan Indra. Das Juwel *Kaushtuba* tauchte auf, das Vishnu schmückte, und die Wunschkuh *Kamadhenu*, die den Rishis, den großen Weisen, gegeben wurde. *Kalpavriksha,* der Wunschbaum, erschien, und Indra pflanzte diesen in seinen Garten.

Auf einer Lotosblüte sitzend stieg die Göttin Lakshmi in ihrer ganzen Schönheit aus dem Ozean empor. Alle, Götter wie Dämonen, jubelten, und die vier Himmelselefanten ließen heiliges Wasser aus ihren goldenen Krügen herabströmen. Alle waren bezaubert von Lakshmi; doch sie wählte Vishnu zu ihrem Gemahl. Nach Lakshmi erschien Varuni, die Göttin des Weines – auf sie erhoben nun die Dämonen Anspruch. Nun war beinahe alles Wertvolle aus dem Ozean aufgestiegen. Doch der unsterblich machende *Amrita-Trank* noch nicht. Schließlich stieg ein Jüngling aus den Wassern auf, mit Juwelen und mit einer Blütenkette geschmückt – und dies war der Heilkundige Dhanavantari, der Arzt der Götter und der Ursprung jeder Heilkunst. Jubel brach aus, denn in seiner Hand hielt er ein Gefäß mit Amrita.

Bislang hatten die Götter und Dämonen gemeinsam für ein Ziel gekämpft, doch nun erwachte der Streit erneut. Trotz der Vereinbarung, alles zu teilen, rissen die Dämonen den kostbaren Trank gierig an sich. Da nahm Vishnu die Gestalt Mohinis an, einer die Sinne verwirrenden, wunderschönen jungen Frau. Lächelnd nahm sie den Amrita-Trunk von den Dämonen und erbot sich, diesen an alle zu verteilen. Doch Mohini verabreichte in Wirklichkeit nur den Göttern das Elixier. Die Dämonen bezauberte sie mit ihrer Schönheit, so dass ihnen das Begehren ihre Sinne trübte, und schenkte ihnen Wasser statt des Unsterblichkeitstranks ein. Einer der Asuras, Rahu, der die Gabe der Unsichtbarkeit hatte, mischte sich jedoch misstrauisch unter die Götter. Und so erhielt auch er einen Tropfen von Amrita.

Doch Surya, die Sonne, und Chandra, der Mond, verrieten ihn und Vishnu, in seiner Gestalt als Mohini, schlug mit der Wurfscheibe *Sudarshanachakra* Rahus Kopf ab, noch bevor das Amrita, das er gerade getrunken hatte, den Körper des Dämonen durchdringen konnte. Daher wurde nur Rahus Kopf unsterblich, während sein Körper leblos zu Boden sank. Rahu schwor, sich an Sonne und Mond zu rächen, und so zieht er über den Himmel und verschlingt immer wieder einmal *Surya* oder *Chandra* – sichtbar als Sonnen- oder Mondfinsternis.

Die Götter, die nun durch das Amrita wieder Unsterblichkeit erlangt hatten, konnten zu ihrem angestammten Platz im Himmel zurückkehren. Die Dämonen hingegen waren besiegt, da sie nicht von Amrita getrunken hatten. So kam die Welt wieder ins Gleichgewicht.

Vishnu als unser Begleiter

Im *Vaishnavismus*, einer der Hauptrichtungen des Hinduismus, wird Vishnu als Hauptgott verehrt. Er gilt als *Paramatman*, die höchste Seele, und *Parameshwara*, der höchste Gott. In den Schriften werden ihm »heilige Eigenschaften« wie Allwissenheit, Macht und Lebenskraft zugeordnet. Eine der wichtigsten davon ist *Karunya* – das Mitgefühl. Als Bewahrer und Beschützer der Schöpfung und der Natur, der die Fruchtbarkeit der Bäume und Wälder wiederherstellt, tritt Vishnu in Legenden auch als »der grüne Vishnu« auf. Grün ist die Farbe des Herz-Chakras, und Vishnu ist neben seiner Gemahlin Lakshmi der wichtigste Gott, der mit diesem Chakra in Verbindung steht.

Was hat all das mit unserem Leben zu tun? Sehr viel: Wir können nur dann Verantwortung für uns selbst und unsere Mitwelt übernehmen, wenn wir die Qualitäten des Schützens und Bewahrens in uns entwickeln. In unserem Leben begegnen uns viele Menschen, die unseren Schutz brauchen – Kinder, Alte, Kranke oder auch Menschen, die unter seelischen Nöten leiden. Und wie sehr die Natur unseres Schutzes bedarf, muss kaum erwähnt werden. Doch auch uns selbst gegenüber sollten wir Mitgefühl entwickeln und darauf achten, unser Leben, unsere Gesundheit und nicht zuletzt unser Glück zu bewahren und zu erhalten.

Meditation über Vishnu

Die folgende Meditation hilft Ihnen, sich mit der Energie Vishnus und der Kraft des Herz-Chakras zu verbinden. Um sich ganz auf Vishnu einzustellen, können Sie sich in ein Bildnis Vishnus vertiefen und auf die Kraft des Mitgefühls konzentrieren, die von Vishnu ausgeht. Vielleicht fällt es Ihnen aber auch leichter, von Ihrem eigenen Herzen auszugehen – legen Sie beide Hände über Ihr Herz und spüren Sie, wie unter ihren Händen, in Ihrer Brust, das warme, strahlende Licht des Mitgefühls wächst. Spüren Sie nach, wie es in die Welt hinausstrahlen will, um kraftvoller zu werden. Und indem Sie dies fühlen, nehmen Sie langsam Ihre Hände von der Brust und lassen die Kraft Ihres Mitgefühls hinaus – fühlen Sie, wie dabei unwillkürlich ein Lächeln der Freude auf Ihrem Gesicht erscheint?

QUALITÄTEN:

Schützen und Bewahren, Mitgefühl, Gesundheit, Glück

KRAFT/ENERGIE:

grün strahlende Lebensenergie

CHAKRA:

Anahata (Herz-) Chakra

MANTRA:

OM-Namo Bhagavate Vasudevaaya

Holi – Das Fest der Farben

Holi findet um die Frühjahrs-Tagundnachtgleiche herum statt, und zwar am Vollmond des Hindumonats *Phalguna*. Im westlichen Kalender ist das zwischen Ende Februar und Mitte März. Das genaue Datum ist, wie im Westen Ostern, vom Mond abhängig.

Das Holi-Fest ist so bunt, sinnlich und farbenfroh, dass es mittlerweile sogar im Westen, auch in Deutschland, gefeiert wird. Bei diesem Fest geht es um das Feiern und die Sinnlichkeit. Die Sinnlichkeit zeigt sich vor allem in den Farben: Menschen bespritzen sich mit gefärbtem Wasser und bewerfen sich mit *Gulal*, in unterschiedlichsten Farben gefärbtem Puder.

Nun ist Holi im Westen noch nicht so verbreitet, dass Sie ohne Weiteres Ihre Nachbarn mit Wasser und Farbe bespritzen sollten – wenn es nicht gerade Inder sind.

Doch Sie können das Holi-Fest auch als kleines Ritual für sich durchführen.

- Schmücken Sie Ihr Heim besonders farbenfroh, mit bunten Tüchern, Kerzen und Bildern.
- Meditieren Sie über Vishnu.
- Schreiben Sie auf ein Blatt alles, was Sie belastet. Knüllen Sie das Papier zusammen und formen Sie es zu einer groben Gestalt. Zünden Sie in einer feuerfesten Schale ein symbolisches Opferfeuer an

und verbrennen Sie die *Holika,* den Papierdämon, der Ihre negativen Energien trägt

- Nehmen Sie besonders bewusst alle sinnlichen Eindrücke wahr.
- Gehen Sie in die freie Natur und verleihen Sie Ihren Gefühlen Ausdruck, indem Sie singen, tanzen oder schreien.
- Heißen Sie den Frühling willkommen und versöhnen Sie sich mit den Menschen, mit denen Sie Streit haben.

»Vishnu, der Vielfache«

Die Kämpfe zwischen Göttern und Dämonen wogten hin und her. Immer wieder einmal gewannen die Asuras die Oberhand, wenn ein besonders machtvoller Dämon hervortrat. So ein Dämon war der zehnköpfige Ravana, der Raja von Sri Lanka.

Er hatte große Macht erlangt, indem er sich qualvollen Ritualen unterzogen hatte, die es ihm erlaubten, von Brahma eine Gabe zu fordern. Und er wünschte sich die Kraft, die ihn für Götter und Dämonen unüberwindbar machte. Wohl ahnte Brahma schon, dass daraus nichts Gutes entstehen würde, doch nach den Gesetzen des Universums war er gezwungen, Ravana einen Wunsch zu erfüllen.

Es geschah, wie es schon oft geschehen war: Der Dämon wurde, kaum dass er sich unbesiegbar fühlte, zum tyrannischen Herrscher, der Chaos schuf und zum Krieg anstiftete. Als er jedoch den Gott der Winde, Vayu, und den Gott des Feuers, Agni, gefangen nahm, wandten sich die Devas an Brahma. Brahma erklärte ihnen, dass er nichts tun könne, doch dass Vishnu sicherlich Rat wüsste.

Vishnu überlegte lange. Schließlich sprach er: »Seid beruhigt. Zwar musste Ravanas Wunsch von Brahma erfüllt werden, und er ist unwiderruflich. Doch schützt ihn seine Gabe nur vor Devas und Asuras.« Er lächelte, als er die Verwirrung in den Gesichtern der Ratsuchenden sah. »Ravana kann nicht von Göttern oder Dämonen besiegt werden – und doch ist er nicht unbesiegbar. Affen und Menschen werden ihn bezwingen.«

So entwarfen die Götter den Plan, als Affen auf der Erde wiedergeboren zu werden. Vishnu selbst würde sich aufteilen und in Gestalt von vier Prinzen erneut auf die Welt kommen.
Und so geschah es. Der König Dasharatha hatte zwar drei Frauen, aber keine Kinder. Je älter er wurde, desto mehr sehnte er sich nach einem Sohn. Die Priester rieten ihm zu einem Pferdeopfer zu Ehren Vishnus. Kurz darauf wurden alle drei Frauen schwanger. Kaushalya gebar dem König seinen ersten Sohn, Rama, der zur Hälfte Vishnus Seele in sich trug. Kaikeyi gebar den zweiten Sohn, Bharata, der ein Viertel der Seele Vishnus in sich hatte. Sumitra aber gebar Zwillingsbrüder, Lakshmana und Shatrughna genannt, die jeder ein Achtel von Vishnus Seele trugen. So kam Vishnu als vierfacher Prinz auf die Welt und besiegte schließlich als Rama, mit Unterstützung seiner Brüder und der Affen, den Dämon Ravana.

LAKSHMI

• *Fülle* •

NAME:
Lakshmi

ELTERN:
(aus dem Milchozean geboren)

GATTE:
Vishnu

IKONOGRAFIE:
Rotgoldene Haut, rot-orange Gewänder, Blumengirlande, jugendlich und schön, vier oder acht Arme

REITTIER:
Weltenschlange

HAUPTQUALITÄTEN:
Schönheit, Glück, materieller und spiritueller Reichtum, Harmonie

Lakshmi ist die Göttin der Schönheit, des Glücks und des Reichtums. Damit repräsentiert sie die Fülle des Seins. Doch geht es hier nicht allein um materiellen Wohlstand, sondern um innere Harmonie sowie seelisches und körperliches Wohlbefinden. Lakshmi wird zugleich als Göttin der Gesundheit und Fruchtbarkeit verehrt. Sie verkörpert das Prinzip der gnädigen und gütigen Urmutter, die alle Lebewesen schützt. Lakshmi ist der weibliche göttliche Pol, ohne den die männliche Energie nichts bewirken kann. In der *Rig-Veda* wird sie als Basis oder »Sitz« des Herrschers beschrieben – nur durch ihre Gegenwart erhält *Vishnu*, ihr Gemahl, seine Macht; sie ist seine *Shakti*, seine Lebensenergie. In den alten Schriften taucht Lakshmi zunächst als Gemahlin von *Indra* auf, wird später jedoch ausschließlich als Gattin Vishnus beschrieben.
Der Mythologie zufolge wurde Lakshmi aus dem Milchozean geboren. Der Milchozean ist ein Symbol für den reinen Geist des Menschen, der auf der spirituellen Suche ist. Die ganze Erde feierte ihre Geburt, und der Ozean schenkte ihr eine Girlande und eine Krone aus Blumen, die nie verblühen.

Lakshmi wird oft auch als *Shri* (»Glück«) oder *Shri-Lakshmi* bezeichnet. Weitere Namen beziehungsweise Erscheinungsformen sind *Buddhi* (»die Erkenntnis«), *Siddhi* (»der Erfolg«), *Lokamata* (»die Mutter der Erde«) oder *Jaladhija* (»die aus dem Ozean Geborene«). Einige andere Namen beziehen sich auf ihre Schönheit und hängen mit der Lotosblume zusammen, so etwa *Padma* (»die Lotosbewohnerin«), *Padmamukhi* (»die, deren Gesicht schön wie ein Lotos ist«) oder *Padmahasta* (»die den Lotos hält«). Nicht zuletzt wird Lakshmi aber auch als achtarmige *Mahalakshmi* angebetet.

In Ritualen wird Lakshmi in Indien auch heute noch oft verehrt. Sowohl in Tempeln als auch im privaten Rahmen werden vielerorts fast täglich Zeremonien abgehalten. Das mehrere Tage andauernde *Diwalifest* ist eines der wichtigsten Feste im Hinduismus. Der dritte Tag dieses Lichterfestes ist Lakshmi geweiht. Ursprünglich wurden nur Öllampen entzündet, heute werden zusätzlich tausende von Kerzen und elektrische Lampen verwendet, um die Häuser in Licht zu tauchen.

Auf Darstellungen finden wir drei Varianten von Lakshmi: Wird sie gemeinsam mit Vishnu abgebildet, hat sie nur zwei Arme, während sie auf den meisten Bildern als vierarmige Göttin alleine gezeigt wird. Seltener sind Gemälde, die sie als achtarmige Mahalakshmi zeigen.

Lakshmis Hautfarbe ist meist rot oder golden, und sie ist in rote oder orangefarbene Gewänder gekleidet. Sie trägt die Blumengirlande und die Krone, mit denen sie dem Milchozean entstiegen ist. Immer wird Lakshmi als junge, schöne und freundliche Göttin dargestellt.

Auf den meisten Abbildungen hat sie vier Arme: Zwei Hände zeigen nach oben und halten jeweils eine Lotosblüte als Symbol für Reinheit, Schönheit und Lebensfreude, zwei Hände weisen nach unten und nehmen segensreiche Mudras ein – die *Varadamudra*, durch die Wünsche gewährt werden, sowie die schützende und tröstende *Abhayamudra*. Auf vielen Bildern lässt sie zum Zeichen ihrer bereichernden und segenspendenden Kräfte aus einer Hand oder einem Krug Goldstücke auf die Erde regnen.

Wird Lakshmi gemeinsam mit Vishnu dargestellt, so sitzt sie ihm meist zu Füßen und ruht auf der Weltenschlange *Ananta*. Wird sie hingegen alleine gezeigt, sitzt oder steht sie auf einer Lotosblüte und wird von zwei Elefanten mit heiligem Wasser begossen. In einigen Teilen Indiens taucht auch die Eule als Symboltier der Weisheit auf Lakshmi-Bildern auf.

Weitere Gegenstände, die Lakshmi zugeordnet werden, sind Muschel, Perlenkette, Kerzen, die Veden sowie die *Bilva*-Frucht. Der Bilva-Baum wird auch als heiliger Baum *Shivas* bezeichnet. Die Frucht, die heilende und verjüngende Kräfte hat, ist ebenfalls ein Symbol für die Fülle und die Kraft der Natur, mit der Lakshmi assoziiert wird.

»Wie Lakshmi Vishnus Liebe wiedergewann«

Selbst göttliche Paare sind nicht gefeit davor, in Streit zu geraten. Und so entbrannte einst ein heftiger Streit zwischen Vishnu und Lakshmi. Zornig verließ Lakshmi ihr Heim und wurde auf der Erde wiedergeboren. Es dauerte nicht lange, da vermisste Vishnu seine geliebte Lakshmi und machte sich auf die Suche nach ihr. Schließlich führte ihn seine Suche auch auf die Erde, wo er sich in einem Ameisenhügel niederließ.

Mittlerweile begannen sich Brahma und Shiva wegen der Trennung von Vishnu und Lakshmi zu sorgen – das Universum war aus dem Gleichgewicht geraten. Brahma und Shiva beschlossen einzugreifen. Sie nahmen die Gestalt einer Kuh und eines Kalbes an. Ein Kuhhirte brachte sie mit der Herde zum Grasen in die Nähe des Waldes, in dem sich Vishnu aufhielt, und sprachen mit ihm. Am dritten Tag wurde der Kuhtreiber misstrauisch und folgte den Kühen. Er fragte sich, was wohl in dem Ameisenhügel verborgen läge, und schlug den schlafenden Vishnu mit einer Axt auf den Kopf. Als Vishnu wieder erwachte, hatte er sein Gedächtnis verloren und erinnerte sich nicht mehr, dass er Vishnu war. Doch er spürte die Wunde auf seinem Kopf und suchte nach Heilkräutern, um die Wunde zu versorgen. Schließlich kam er zu einem Schrein, den Vakuladevi behütete. Dort errichtete er sich eine kleine Hütte. Vakuladevi sorgte für ihn wie für einen Sohn und nannte ihn Srinivasa.

Nicht weit entfernt lag das Königreich, das von König Akasha regiert wurde. Lange Zeit war der König kinderlos geblieben, doch dann hatte er eines Tages ein wunderschönes schlafendes Mädchen in einer goldenen Lotosblüte gefunden und sie als seine Tochter angenommen. Ihr Name war Padmavati, die Lotosgeborene. Niemand ahnte, ja nicht einmal sie selbst wusste, dass sie Lakshmi war, die auf der Erde wiedergeboren worden war.

Eines Tages war Srinivasa auf der Jagd im Wald. Nach vielen Stunden kam er an einen herrlichen Garten, mit Orangenbäumen und einem kleinen Teich. Da Srinivasa müde und durstig war, trank er und legte sich dann im Schatten eines Orangenbaumes nieder. Da hörte er Gesang und Gelächter und sah Padmavati und ihre Freundinnen, die im Garten miteinander scherzten. Sofort fühlte er sich zu Padmavati hingezogen. Doch als er sich ihr näherte, jagten ihn ihre Diener, die ihn für einen einfachen Jäger hielten, fort. Traurig und niedergeschlagen kam er nach Hause und berichtete Vakuladevi, was ihm widerfahren war.

Unterdessen war Padmavati nach Hause zurückgekehrt und hatte sich schlafen gelegt. Im Traum begegnete sie Srinivasa und fühlte ihr Herz schneller schlagen. Als sie erwachte, stand ihr das Traumbild klar vor Augen, und sie wollte den Fremden wiedersehen. Doch sie wusste nicht einmal, wer er war – sie wusste nur, dass die Eltern ihr niemals die Verbindung mit einem einfachen Jäger gestatten würden.
Srinivasas Gefühle waren nicht weniger stark. Auch er musste die ganze Zeit an Padmavati denken. So bedrängte er Vakuladevi, dass sie zu König Akasha gehen möge, um für ihn um die Hand Padmavatis anzuhal-

ten. Vakuladevi versuchte ihn von der Nutzlosigkeit dieses Versuchs zu überzeugen, doch Srinavasan trug die Kraft Vishnus in sich und ließ nicht ab.

So verkleidete sich Vakuladevi als Wahrsager und kam an Akasha Rajas Hof. Der König bat den Wahrsager um eine Prophezeiung, und Vakuladevi sagte voraus, dass Vishnu in Gestalt eines Jägers um Padmavatis Hand anhalten werde. Alle, nicht zuletzt Padmavati, staunten über diese Worte, doch als sie weiter in den Wahrsager dringen wollten, war er verschwunden. Wenig später kam Vakuladevi in ihrer wahren Gestalt zum Raja und bat ihn darum, Padmavati ihrem Ziehsohn, dem Jäger Srinavasan, zur Frau zu geben. Der König beriet sich mit seinen Weisen und stimmte der Hochzeit zu. Als der Tag der Hochzeit gekommen war und die Priester die vedischen Mantras sangen, erkannten Srinavasan und Padmavati, dass sie Inkarnationen von Vishnu und Lakshmi waren. Und so wurde das göttliche Paar wieder vereint und sollte sich bis ans Ende aller Zeitalter nicht mehr trennen.

Lakshmi als unsere Begleiterin

Lakshmi verbindet Himmel und Erde. Je zwei Arme zeigen nach oben und unten. Die Fülle, die sie repräsentiert, ist die Fülle der Ganzheit. Durch ihre Kraft können wir uns mit den Schätzen der Erde – dazu gehören Wohlstand, Reichtum und Gesundheit – ebenso wie mit den spirituellen Schätzen des Himmels verbinden, mit Weisheit, Erkenntnis und Lebensfreude. Jederzeit steht uns die Möglichkeit offen, aus diesen

Schatzkammern zu schöpfen – eines können wir jedoch nicht tun: Wir können die Fülle nicht festhalten. Nur wenn wir die Schönheit des Seins in unserem Leben zum Ausdruck bringen, unser göttliches Potenzial nutzen, um andere Menschen zu inspirieren, und die Segnungen, die wir aus unserer geistigen Quelle empfangen, durch uns hindurchfließen lassen, können wir die Fülle genießen.

Energie muss fließen. Wir können Liebe empfangen, aber wir können sie nicht konservieren – auch darauf weist Lakshmi uns hin. Viele Abbildungen zeigen sie in zärtlicher Umarmung mit Vishnu, wie sie auf seinem Schoß sitzt oder seine Füße massiert. Dem Hindu erscheint Lakshmi daher als Verkörperung der idealen Gattin. Aber als devote Ehefrau taugt Lakshmi nicht, denn sie lässt sich nicht festhalten. Viele Legenden berichten davon, dass sie nie lange an einem Ort bleibt und in ständiger Bewegung ist. Lakshmi lässt sich so wenig besitzen, wie Liebe sich festhalten lässt. Die Fülle, die Lakshmi repräsentiert, lebt von der Freiheit.

Durch unser Herz-Chakra können wir die Energien, die von »oben« und »unten« zu uns strömen, aufnehmen und transformieren. Unser spirituelles Herz verbindet uns mit der Fülle der Schöpfung. Doch unsere Liebe darf nie selbstsüchtig werden. Nur wenn wir offen und selbstlos handeln, können wir das wahre Geheimnis von *Bhakti*, der göttlichen Liebe, erfahren.

Meditation über Lakshmi

Durch die Meditation können Sie Lakshmi in Ihrem Herzen visualisieren. Dies wird Ihnen sehr viel leichter fallen, wenn Sie sich zuvor eine Darstellung Lakshmis genau einprägen. Wählen Sie dazu am besten ein Bild, auf dem sie alleine als vierarmige Göttin abgebildet ist. Sie können die Meditation durch das Mantra verstärken. Eine weitere Möglichkeit, tief in die Meditation einzusteigen, ist das Visualisieren des Lichtes des Herz-Chakras. Stellen Sie sich vor, dass Sie in Ihre Brust blicken können – irgendwo ist da ein kleiner, strahlend heller, grüner Funke. Vertiefen Sie sich in das grüne, wohltuende Licht des Mitgefühls und lassen Sie es sich ausweiten, bis es Ihren Körper ganz durchdringt und weiter in die Welt strahlt.

QUALITÄTEN:

Schönheit, Glück, materieller und spiritueller Reichtum, Harmonie, Selbstlosigkeit

KRAFT/ENERGIE:

grün strahlende, heilende Energie

CHAKRA:

Anahata (Herz-) Chakra

MANTRA:

OM – Shri Maha Lakshmyai Namaha

Diwali – Das Fest des Lichtes

Diwali ist ein ganz besonderes Fest in Indien. Dieses Fest steht für fünf Tage der Fröhlichkeit, des Lichts und der Zelebrierung des Neuanfangs. Es geht um den Sieg des Guten über das Böse, des Hellen über das Dunkle, der Weisheit über die Dummheit. Diwali ist eine gute Zeit, um die eigenen Stärken zu erkennen und damit zu beginnen, sein Potenzial zu entdecken.

Diwali beginnt mit dem Neumondtag, und zwar am fünfzehnten Tag des Hindumonats *Kartik*. Das ist etwa Ende Oktober oder Anfang November – genauer kann man es im westlichen Kalender nicht ausdrücken, da der Hindukalender ein Mondkalender ist. Es ist so wie beim christlichen Fest Ostern, das jedes Jahr auf einen anderen Termin fällt. Wenn Sie herausfinden wollen, wann Diwali genau ist, suchen Sie in einem Kalender, in dem die Mondphasen verzeichnet sind, den ersten Neumond nach dem 15. Oktober: Das ist dann (fast) immer Diwali.

Was für Diwali bezeichnend ist, ist das Feiern des Lichts. In Indien hängen die Menschen überall Lichter auf, stellen sie in die Fenster oder bringen sie sogar in den Bäumen an.

Sie können das Diwalifest als kleines Ritual durchführen und Kraft für einen Neubeginn sammeln. Feiern Sie Diwali – zumindest an einem Tag – dem dunkelsten Mond des Neumonds. Dieser Tag ist ganz Lakshmi geweiht. Deshalb heißt er auch *Lakshmi Puja*.

- Stehen Sie zu Sonnenaufgang auf und nehmen Sie ein Bad.

- Räumen Sie Ihr Heim auf und schmücken Sie es mit Blumen.
- In Indien schmücken die Frauen mancherorts ihre Wände und Schwellen mit farbigen Ornamenten. Vielleicht wollen Sie nicht gleich die Wände Ihrer Wohnung bemalen – obwohl das sehr befreiend sein kann. Wie wäre es, stattdessen ein Tuch aufzuhängen und dies zu verzieren? Oder Sie könnten mit Kreide Ornamente auf Ihre Schwelle oder den Türstock zeichnen.
- Zünden Sie Kerzen an.
- Stellen Sie ein Bild von Lakshmi auf und meditieren Sie über Lakshmi. Blicken Sie in Ihr Inneres und lassen Sie die Gottheit in Ihr Herz.
- Besuchen Sie Freunde und Menschen, mit denen Sie sich versöhnen möchten.

- Erleuchten Sie Ihr Heim: mit Kerzen, mit Öllampen oder mit anderem warmem Licht. Das Licht ist eine Einladung an Lakshmi – die Glück und Erfolg mit sich bringt.

ॐ
आकाश
ॐ
अग्नि
ॐ
वायु
ॐ
जल
ॐ
पृथ्वी
JB, 6104.A

SHIVA

• *Zerstörung und Transformation* •

NAME:
Shiva

ELTERN:
er ist der Kosmos selbst

GEMAHLIN:
Parvati (Sati)

SÖHNE:
Ganesha, Skanda

IKONOGRAFIE:
meist als Asket, zerzaustes Haar, meditierend, mit Asche und Lehm bedeckte, weiße Haut, auf einem Tigerfell sitzend; blauer Hals; oder als Tänzer Nataranja

REITTIER:
der Stier Nandi

WAFFEN:
Dreizack, Pfeil und Bogen, Axt

HAUPTQUALITÄTEN:
Transformation, Neubeginn

Shiva ist einer der am meisten verehrten Götter im Hinduismus. Der Glaube an ihn währt schon sehr lange – der im Yogasitz meditierende Gott erscheint bereits auf einer rund 5000 Jahre alten Abbildung der Induskultur, die bei Ausgrabungen zutage kam. In der Rig-Veda taucht der Name »Shiva« zwar nicht auf, wohl aber *Rudra*, der wilde, zerstörerische Gott, der viele Eigenschaften mit ihm teilt. Wörtlich übersetzt bedeutet Shiva »der Glücksverheißende«. Er wird auch *Mahadeva* oder *Parameshwara* – der oberste aller Götter – genannt. Als Teil der göttlichen Trinität steht er sowohl für »Vernichtung« als auch für »Erneuerung«, während *Brahma* der Schöpfer und *Vishnu* der Bewahrer ist. Doch diese Sichtweise greift zu kurz: Im *Shivaismus*, einer Hauptrichtung des Hinduismus, gilt Shiva als »Höchster Gott«, der Schöpfer, Bewahrer und Zerstörer in einem ist. Die Zerstörungskraft Shivas dient lediglich einem Zweck: der Transformation und dem Neubeginn.

Shiva ist einer der facettenreichsten Götter im indischen Pantheon. Er tritt als meditierender Asket ebenso wie als Verführer auf. Einmal ist er verantwortungsvoller Familienvater, dann wieder Lebemann mit ekstatischen Zügen und einem Hang zu Opium und Haschisch. Shiva tritt in 24 Erscheinungsformen auf, doch trotz der großen scheinbaren Unterschiede, sind seine wesentlichen Qualitäten Gleichmut und Erhabenheit.

In den Mythen des *Shiva-Purana* hat Shiva 1008 Namen. In alten Texten wird er unter anderem *Mahadeva* (»großer Gott«), *Mahesha* (»höchster Herr«), Vishwanatha (»Herr des Universums«) oder *Shankara* (»Der Segensreiche«) genannt. Manche der Namen beziehen sich auf einzelne

Erscheinungsformen – so etwa *Nataraja*, der »König des Tanzes« oder *Bhairava*, »der Schreckliche«.

Die Söhne Shivas sind *Ganesha* und *Skanda*, der auch als *Kartikeja* oder *Subrahmanya* bekannt ist. Shivas Gemahlin ist *Parvati*, die allerdings nicht seine erste Frau war, denn das war *Sati*. Nach Satis Tod war Shiva blind vor Schmerz, und schließlich inkarnierte Sati in Form Parvatis.

»Sati und Shiva«

Daksha war einer der *Prajapati,* einer der ersten Söhne Brahmas. Daksha hatte viele Töchter, doch eine, Sati, die jüngste, übertraf alle. Und noch etwas unterschied sie von ihren Schwestern: Ihr höchster Wunsch war es seit jeher, die Shakti Shivas zu werden.

Sie sprach mit ihrem Vater Daksha von ihrer Liebe zu Shiva. Der jedoch zog die Stirn in Falten und forderte von ihr, sich diesen Gedanken aus dem Kopf zu schlagen. Er verbot ihr jeden Umgang mit Shiva. Satis Liebe zu Shiva war jedoch größer als ihr Gehorsam gegenüber ihrem Vater. So lief sie von zu Hause fort und lebte, wie ihr angebeteter Shiva, als Asketin. Ihre Hingabe und Beharrlichkeit erregten Shivas Aufmerksamkeit, und er gewährte ihr einen Wunsch. Ihr einziger Wunsch war es jedoch, ihn zu heiraten. Shiva bedachte den Wunsch und spürte, wie sehr er sich zu Satis Wesen hingezogen fühlte, und so stimmte er zu. So heiratete Sati Shiva schließlich doch noch und war glücklich mit ihm, da er sich als fürsorglicher und liebevoller Ehemann erwies.

Satis Vater Daksha verabscheute seinen Schwiegersohn allerdings zutiefst. Wenn er von ihm sprach, nannte er ihn einen dreckigen, herumziehenden Bettler und ereiferte sich über die Scharen von Geistwesen und Dämonen, die den großen Yogi stets begleiteten. Er sann darauf, wie er den ungeliebten Schwiegersohn und seine ungehorsame Tochter demütigen könnte. Eines Tages veranstaltete er ein großes Opferfest, zu dem alle Welt eingeladen war: die Familie, die Verbündeten Devas und Rishis – nur Sati und Shiva nicht. Nicht genug damit, stellte er eine Statue Shivas auf, die er mit Schmutz und Unrat bewarf und sie dem Hohn aller preisgab.

Sati dachte, dass sie als Tochter des Königs auf dem Fest willkommen sei, ob nun eingeladen oder nicht. Und so kam sie, aber es wurde ihr schnell klar, dass ihr Vater ihr nicht verziehen hatte. Er behandelte sie mit größter Herablassung und Verachtung, doch Sati bewahrte Gelassenheit. Selbst die Ungehörigkeit, dass ihr Vater ihren Ehemann nicht eingeladen hatte, nahm sie ruhig hin. Als sie jedoch der Statue Shivas ansichtig wurde, beschmutzt und mit Hohn bedacht, wurde es ihr zu viel, und sie warf sich in das lodernde Opferfeuer, in dem sie strahlend hell verbrannte.

Daksha und alle Anwesenden waren tief betroffen von der Selbstopferung Satis, und in ihnen wuchs die Furcht vor der Rache Shivas.
In der Tat erschien Shiva kurz darauf zornentbrannt. Seine Begleiter und er stürmten die Opferhalle und griffen alle Anwesenden an. Doch die Dämonen, die Bhrigu herbeibeschwor, schlugen Shivas Trupp in die Flucht. Da riss sich Shiva eine Strähne aus seinem verfilzten Haar und warf sie zu Boden – und es erschienen Shivas wilder Sohn Virabhadhra und die furchterregende Maha Kali. Mit den beiden an seiner Seite stürmte er das Fest abermals und tötete Daksha und zahlreiche seiner Gäste. Auch Vishnu, Brahma und Indra, die sich gegen ihn stellten, besiegte er. Brahma und Vishnu ergaben sich und baten ihn, Gnade walten zu lassen, Daksha wieder zum Leben zu erwecken und die Zeremonie zu Ende zu führen. Shiva gab Daksha in seiner großen Güte das Leben zurück, doch zur Erinnerung an seine Torheit trug er fortan den Kopf einer Ziege. Shiva trug Satis verbrannten Leichnam durch das Universum und verteilte ihn. Sati wurde als Parvati wiedergeboren und heiratete Shiva abermals, und sie sollten sich nie mehr trennen. Daksha sah sein Unrecht ein, bat Shiva um Verzeihung und wurde schließlich einer von Shivas ergebensten Anhängern.

Die Darstellungen Shivas sind sehr unterschiedlich, da sie sich nach den fünf Hauptaspekten oder -manifestationen Shivas richten. Das häufigste Motiv zeigt Shiva als Asketen, als *Mahayogi*. Als König der Yogis meditiert er auf dem heiligen Berg Kailash. Seine Haut ist weiß oder mit Lehm oder Asche beschmiert. Shivas Hals ist blau, denn er hat das Gift des Urmeeres getrunken, um das Universum zu retten. Meist sitzt

Shiva auf einem Tigerfell – dies zeigt, dass er Lust und Begierde überwunden hat. In dieselbe Richtung weisen die Kobras, die sich um seinen Hals und seine Arme schlingen, denn die gezähmten Kobras symbolisieren, dass Shiva die Geistesgifte Gier und Hass vernichtet hat.

Shivas Reittier ist *Nandi*, der Stier aus der hinduistischen Mythologie, der reich verziert als Wachtier auf vielen Shiva-Tempeln zu sehen ist.

Typische Gegenstände auf Shiva-Abbildungen sind die *Damuru*, eine sanduhrförmige Handtrommel, die den Urrhythmus des Entstehens und Vergehens symbolisiert, sowie die *Trisula*, den Dreizack, der für die drei *Gunas* steht. Die drei Gunas sind die grundlegenden Prinzipien der Urmaterie oder die Urelemente der Natur: *Tamas* (Dunkelheit, Trägheit), *Rajas* (Unruhe, Bewegung) und *Sattva* (Harmonie, Licht).

Charakteristisch ist das dritte Auge auf Shivas Stirn. Es symbolisiert Shivas höchste Erkenntnis, durch die er die Schleier der Illusion gelüftet und sinnliches Begehren überwunden hat. Die Halbmondsichel in Shivas Haar symbolisiert den Zyklus der Zeit, den Shiva transzendiert hat. Sein wildes, zerzaustes Haar ist zu einem hohen Haarknoten gebunden. Aus seinem Haar strömt Wasser, das den mystischen Fluss Ganga, der im Himmel entspringt, repräsentiert.

»Wie die heiligen Flüsse auf die Erde kamen«

Der König von Ayodhya hatte sechzigtausend Nachkommen, die sich so wild gebärdeten, dass die Götter beschlossen, Sagara, den König, zu bestrafen, indem sie sein Lieblingspferd in das unterirdische Reich Patala entführten. Der König gebot daraufhin nicht etwa dem ungebärdigen Treiben seiner Nachkommen Einhalt, sondern befahl ihnen, ein Loch bis Patala hinunter zu graben. Tatsächlich fanden sie das Pferd, das von dem mächtigen Weisen Kapila bewacht wurde. Die vielen jungen Männer lachten den Weisen aus und verhöhnten ihn – woraufhin er sie kurzerhand in Asche verwandelte und ihre Seelen in die Unterwelt stürzten. Voller Trauer und Reue bat König Sagara den Weisen um Gnade. Kapila besann sich eine Weile und sprach: »Wenn der heilige Ganga vom Himmel zur Erde kommt, werden deine Kinder erlöst.«

Es vergingen viele Jahre. König Bhagiratha war ein Urenkel des Königs Sagara. Er sann darauf, wie er die Seelen seiner Vorfahren aus der Unterwelt befreien konnte. Kapila hatte geweissagt, dass der heilige Fluss Ganga vom Himmel zur Erde kommen müsse – und so beschloss Bhagiratha, Ganga vom Himmel zur Erde zu bringen, um den Seelen seiner verstorbenen Ahnen die Erlösung zu sichern. Und da er aufgrund seiner hohen Verdienste einen Wunsch von Brahma und einen Wunsch von Shiva frei hatte, bat er die Götter um Hilfe.

Brahma war bereit, den gewaltigen Fluss umzulenken. Doch er wandte ein, dass, fiele der große Strom direkt vom Himmel auf die Erde, seine Gewalt zu groß wäre und er die Erde zerschmettern könnte.

Bhagiratha wandte sich demütig an Shiva, um ihn um Hilfe zu bitten. Shiva willigte ein. Als der Ganga nun vom Himmel auf die Erde gelenkt wurde, fing Shiva mit seinem Haar die strömenden Wasser auf und unterteilte sie in sieben Ströme. Ganga, Yamuna, Saraswati, Godavari, Narmada, Indus und Kaveri flossen über sein Haar zur Erde und machten das Land fruchtbar.
Der Gang aber, den die Sagaras in die Unterwelt gegraben hatten, füllte sich und überflutete die Unterwelt. Als die Asche der sechzigtausend Sagaras von den heiligen Wassern berührt wurde, wurden die Seelen der Getöteten erlöst und stiegen aus der Unterwelt auf.

Eine weitere bekannte Darstellung Shivas zeigt ihn als *Nataraja* – den kosmischen Tänzer. Inmitten eines Feuerkreises tanzt der meist vier- oder achtarmige Nataraja auf *Apasmara*, dem Dämon der Unwissenheit und Verblendung. Der kosmische Tanz symbolisiert Zerstörung und Erneuerung und letztlich die Befreiung der menschlichen Seele aus den Verstrickungen der Illusion. In Shivas Tanz spiegelt sich darüber hinaus die Bewegung des Universums wider. In der Natur können wir diese ständige Aktivität beispielsweise als Ebbe und Flut, Sonnenaufgang und -untergang, Erdbeben und Vulkanausbrüche, die Bewegung der Planeten oder im »Tanz der Atome« beobachten.

Einige Darstellungen zeigen Shiva gemeinsam mit Parvati, Ganesha und manchmal auch Skanda als heilige Familie. Ferner tritt er als »Gott der Medizin« und Heilsbringer sowie als *Bhutesvara*, der Zerstörer, mit Pfeil und Bogen, Axt und Gazelle im Arm auf.

Auf abstraktere Weise wird Shiva nicht zuletzt in Form des *Lingams* verehrt. Lingams sind konisch geformte Steine, die bereits in alten Steinkulten eine große Rolle spielten. Obwohl der Lingam häufig als Phallussymbol und somit als Zeichen für die Potenz und Schöpferkraft Shivas interpretiert wird, bedeutet der Sanskritbegriff »Linga« im Grunde nur »Zeichen« oder »Symbol«. Auf tieferer Ebene deutet der Lingam in diesem Zusammenhang auf das »Eine ohne ein Zweites«, auf die höchste, transzendente Form Shivas hin. In der Mythologie wird die Urform des Lingam als Feuersäule oder Säule aus Licht beschrieben.

»Shivas Reue«

Einst erhob sich ein Streit zwischen Vishnu und Brahma um die Frage, wer von beiden der höchste Gott im Universum sei. Daraufhin verwandelte sich Shiva in eine Säule aus Licht. Vishnu und Brahma kamen überein, dass der von ihnen, der als Erster ein Ende der Säule fände, fortan als der Höchste gälte. Brahma schwang sich empor, während Vishnu in die Tiefe hinabtauchte. Doch keiner von ihnen konnte den Ursprung oder das Ende des Lichtes finden. Doch Brahma versuchte durch Täuschung zu gewinnen.

Da nahm Shiva wieder Gestalt an und schlug Brahma voller Wut seinen fünften Kopf ab. Doch schon nach kurzer Zeit reute ihn seine Tat, denn mit einem Brahmanen-Mord hatte er ein schreckliches Verbrechen begangen.

Er selbst erlegte sich die Buße auf, den abgeschlagenen Kopf Brahmas fürderhin mit sich zu tragen. Lange wanderte er ohne Ziel und im Bewusstsein seiner Schuld umher, bis er schließlich in die heilige Stadt Benares kam und seine Schuld durch eine Waschung im heiligen Fluss Ganga tilgen konnte.

Shiva als unser Begleiter

So wie es Zeiten des Wachsens und Werdens gibt, gibt es Zeiten des Zerfalls und Vergehens. Wenn wir uns mit dieser universellen Wahrheit vertraut machen, wird es uns leichter fallen, loszulassen. Die Vergänglichkeit ist ein unumstößlicher Aspekt unseres Lebens – doch er muss nicht dazu führen, dass wir leiden. Auch in Zeiten großer Umwälzung können wir in unserem Wesen heiter und gleichmütig bleiben. Dazu ist es jedoch nötig, hinter den Schleier der Illusion zu blicken. Shiva hilft uns dabei. Sein kosmischer Tanz deutet auf die Zerstörung hin, die nötig ist, damit Raum für das Neue entstehen kann.

In seiner Manifestation als Yogi zeigt Shiva uns, wie wir die Phänomene der Zeit durch Meditation überwinden und selbst in Krisen Frieden bewahren können. Der bittere Verlust seiner geliebten Sati war es, der es Shiva erst ermöglichte, *Samadhi* oder höchste Glückseligkeit zu erlangen. Doch dann ist da noch die Manifestation des kosmischen Tänzers: Tanzen und Meditieren – Lebensfreude und innere Sammlung – Ausdruckskraft und Stille: Das sind die beiden Pole, die wir in uns wecken müssen, um wachsen und erfüllt leben zu können.

Der Shiva-Aspekt ist der Aspekt des Loslassens. Lassen wir ein wenig los, so werden wir ein wenig glücklicher sein. Lassen wir hingegen alles los, so werden wir vollkommenes Glück erfahren.

Meditation über Shiva

In der Meditation über Shiva spielt der Atem und insbesondere das Ausatmen eine wichtige Rolle. Das Ausatmen hilft Ihnen auf natürliche Weise dabei, loszulassen. Bevor Sie die Meditation durchführen, sollten Sie sich entscheiden, ob Sie Shiva als kosmischen Tänzer oder als König der Yogis visualisieren wollen. Beides ist möglich, und es ist sogar sinnvoll, das Motiv gelegentlich (aber nicht innerhalb einer Meditation) zu wechseln.

Wenn Sie über Shiva meditieren, hilft es sehr, den Atem zu Hilfe zu nehmen. Sie können die Meditation mit einer kleinen Pranayama-Übung verbinden. »Pranayama« bedeutet so viel wie »Kontrolle der Energie«. In einer stillen Meditation können Sie das Mantra »Om Namah Shivaya« mit dem Ausatmen singen, halblaut flüstern oder einfach nur unhörbar ausatmend hauchen. Beim Einatmen sprechen Sie in Ihren Gedanken »OM«. Das Ausatmen ist also deutlich länger. In einer Tanz-Meditation sollten Sie Ihren Atem gar nicht kontrollieren – beobachten Sie nur, wie sich der Atem von selbst seinen Weg sucht und Shiva verehrt.

QUALITÄTEN:

höchste Glückseligkeit, Ausdruckskraft, innere Sammlung, Loslassen

KRAFT/ENERGIE:

Stille/Tanz (in einer Meditation nur jeweils einen Aspekt visualisieren!)

CHAKRA:

Scheitel- oder Kronen-Chakra

MANTRA:

OM-Namah Shivaya

PARVATI

• *Die Schönheit* •

NAME:
Parvati (Reinkarnation von Sati)

ELTERN:
Himavat (Gott des Himalaya), Menga

GATTE:
Shiva

SÖHNE:
Ganesha, Skanda

IKONOGRAFIE:
dunkle Haut, reich geschmückt, vier Arme, hält geschlossene Lotosblüte, drittes Auge

REITTIER:
Berglöwe

WAFFEN:
Dreizack, Pfeil und Bogen, Axt

HAUPTQUALITÄTEN:
physische und seelische Schönheit, Erotik, Mütterlichkeit

Parvati ist die Weltenmutter und Göttin der Schönheit und Güte. Ihr Name heißt wörtlich übersetzt »dem Gebirge zugehörig« oder »Tochter des Berges«, denn sie ist die Tochter von *Himavat*, dem Gott des Himalaya.

Parvati ist *Shivas* Gemahlin und seine *Shakti*, seine dynamische Energie. Die Göttin gilt als Manifestation des Weiblichen schlechthin, als Inbegriff der Schönheit und Sinnlichkeit. Parvati ist wohlwollend, kinderlieb, zärtlich, hingebungsvoll und umsorgend. Zusammen mit Shiva symbolisiert sie das kosmische Liebespaar. Shiva entspricht dem Himmel, Parvati der Erde.

Häufig werden Shiva und Parvati beziehungsweise Shakti in einer erotischen, ekstatischen Umarmung dargestellt. Es existieren zahlreiche Abbildungen, die die beiden in einer einzigen Gestalt zeigen – als *Ardhanarishvara*, einem Wesen, das halb Mann, halb Frau ist. Im *Shiva-Purana* wird erzählt, wie Shiva zunächst in seiner halb männlichen, halb weiblichen Form erschien, um sich dann erst in Shiva und Parvati aufzuteilen, wodurch *Brahma* schließlich fähig war, seinen Schöpfungsakt fortzusetzen.

Das Verhältnis zwischen Shiva und Parvati ist innig. In den Schriften wird berichtet, dass Shiva sein geheimes Wissen über Yoga vollständig an seine Geliebte weitergegeben hat. Parvati ist die Einzige, die Shiva aus seiner Versenkung erwecken und ihn zu einem umsorgenden Familienvater machen kann. Letztlich kontrolliert Parvati die männlichen Energien. Viele Geschichten aus alten *Shakta*-Texten illustrieren ihre Überlegenheit und damit die Macht des Weiblichen über das Männliche.

Parvati ist die Tochter von *Himavat*, dem Gott des Himalaya, und *Menga*, der Bergnymphe. Ihre Schwester ist *Ganga*, die Göttin des Ganges, und ihre beiden Söhne sind Skanda (auch *Kartikeya)* und *Ganesha*.
Parvati ist unter vielen Namen bekannt – unter anderem als *Shivaduti* (»Die Botin Shivas«), *Shivamurti* (»Verkörperung Shivas«), *Aparna* (»Die Blattlose«) oder *Bhagavati* (die »Erhabene«). Parvati ist die Wiedergeburt von *Sati*, der ersten Frau Shivas. Sie tritt in verschiedenen Erscheinungsformen auf, die die beiden Pole Erhaltung und Zerstörung zum Ausdruck bringen, welche auch für Shiva charakteristisch sind.
Durga, Kali, Chandi und *Tara* sind die furchterregenden, dunklen Inkarnationen, während *Maha Gauri*, *Lalita* oder *Katyayani* als gütige, lichte Göttinnen auftreten. Besonders Durga und Kali sind in Indien sehr populär. Doch auch wenn diese als eigenständige Gottheiten verehrt werden, handelt es sich im Wesentlichen doch immer um unterschiedliche Erscheinungsformen derselben Göttin.

»Skandas Speer«

Shiva war nach dem Tod seiner geliebten Frau Sati verzweifelt und gab sich ganz der Meditation und Askese hin. Er suchte den heiligen Berg Kailash auf, versank in Meditation und vergaß die Welt. In dieser Zeit riss der Dämon Taraka alle Macht an sich und wurde Herr über die drei Welten. Alle Devas wurden von dem tyrannischen Dämon, der durch lange Askeseübung außergewöhnlich starke Kräfte gewonnen hatte, aus den himmlischen Gefilden vertrieben, und Taraka tyrannisierte die

ganze Erde. Menschen und Devas kämpften gegen den Dämon, doch er war so stark, dass sie ihn nicht überwinden konnten.
Da flehten sie zu Brahma, ob er ihnen helfen könne. Doch der war machtlos, da er dem Dämon aufgrund seiner Verdienste Schutz gewährt hatte. Sie flehten Vishnu um Hilfe an, doch auch er konnte nicht helfen. Aber er sprach eine Prophezeiung aus: Ein Sohn Shivas wird Taraka besiegen. Da wunderten sich alle. Sie wussten, dass Shiva ein großer Yogi und Asket war und seit dem Tod Satis kein Interesse für das weibliche Geschlecht hegte.

So ersannen sie eine List. Sie baten den Liebesgott Kama, seine Liebespfeile auf Shiva zu schießen, wenn Parvati ihm nahe wäre. Kama machte sich also auf den Weg zum heiligen Berg Kailash, wo Shiva seit undenklicher Zeit in Meditation versunken saß.
Kama fand Shiva und schoss seinen Liebespfeil auf den Yogi, genau in dem Moment, wo Parvati eine Blumengabe vor dem Meditierenden niederlegte. Shiva spürte, dass ein Gedanke, der nicht von ihm selbst herrührte, in seinem Geist erschien. Er öffnete sein drittes Auge und erblickte Kama mit seinem Bogen. Aus seinem dritten Auge schoss ein Lichtstrahl, der den Körper Kamas sogleich verbrannte, so dass der Liebesgott seither unsichtbar ist.
Parvati ermahnte die Götter und Menschen, dass es nicht richtig sei, Shiva durch eine List beeinflussen zu wollen. Und doch werde sie Shiva für sich gewinnen.
Schließlich gelang es ihr, Shivas Aufmerksamkeit zu erregen, indem sie so lange auf einem Bein stand, bis sie von Pflanzen umrankt fast selbst zum Baum geworden war. Shiva war so gerührt von ihrer Hingabe, dass

er in ihr die Reinkarnation seiner ewigen Liebe Sati erkannte und sie zur Frau nahm. Mit ihr zeugte er den kriegerischen Skanda, der mit seinem Speer schließlich den Dämon Taraka überwand.

Auf Darstellungen ist Parvati fast immer gemeinsam mit Shiva zu sehen. Sie hat eine dunkle Haut und ist reich geschmückt. Parvati wirkt immer freundlich und gütig; sie trägt weiße Gewänder, die für Erleuchtung und Weisheit stehen. Wird Parvati gemeinsam mit Shiva abgebildet, so hat sie zwei Arme. Ist sie alleine zu sehen, sind es vier.

In ihren Händen hält sie einen geschlossenen roten oder blauen Lotos. Die beiden unteren Hände nehmen segnende Mudras oder Handstellungen ein – die *Varadamudra*, durch die Wünsche gewährt werden, sowie die schützende *Abhayamudra*. Einige ihrer Insignien entsprechen denen Shivas. So etwa der Dreizack, die Schlange(n) und vor allem das dritte Auge. Es symbolisiert, dass Parvati *Maya,* den Schleier der Illusion, durchdringt und die göttliche Wirklichkeit erkannt hat.

Auf Bildern, die die heilige Familie zeigen, steht oder sitzt sie neben, Shiva und hält ihren Sohn Ganesha auf dem Arm oder auf dem Schoß. Manchmal ist auch ihr zweiter Sohn Skanda zu sehen. Parvatis Reittier ist der Berglöwe, manchmal der Tiger.

Parvati als unsere Begleiterin

Um Kontakt zu den Energien der indischen Götter aufzunehmen, ist es hilfreich, Rituale durchzuführen oder zu meditieren. Eine andere Möglichkeit besteht darin, die Gottheiten in unser Alltagsleben einzuladen. Ich möchte Sie hier noch einmal an die Zeile aus der Bhagavad Gita erinnern: *»... so strebe danach, bei allem Tun in Meinem Geist zu handeln, denn auch so wirst du Vollkommenheit erlangen.«*
Welches sind nun die Aspekte, die Parvati repräsentieren und die wir »bei allem Tun« pflegen können? Zum einen ist das die Schönheit. Sie umfasst die innere und äußere Schönheit, Sinnlichkeit, Leidenschaft und Freude am Spiel. Schönheit findet sich auch in der Erotik, der spirituellen Seite der Sexualität. Das Schöne in seinem Leben zu suchen bedeutet, sich bewusst auf das Licht auszurichten. Dazu gibt es viele Möglichkeiten: Schönheit finden wir in der Natur, in der Malerei, Musik und Poesie, in der Liebe und in einem Geist, der frei von Hass, Neid, Angst und Gier ist. In der Meditation können wir den Frieden des Geistes kultivieren. Dabei ist es hilfreich, das Sahasrara-Chakra als Meditationsobjekt zu wählen.

Der zweite Hauptaspekt, mit dem wir uns durch Parvati verbinden können, ist die Mütterlichkeit. Unabhängig von unserem Geschlecht können wir Qualitäten wie Treue, Güte, Geduld und Zuwendung in uns entwickeln. Parvati spendet Geborgenheit und sie schützt die Familie. Doch sollten wir diese Bezeichnung nicht zu eng sehen:

Nicht nur unsere leibliche Familie ist gemeint, sondern auch die Mitglieder unsere Seelenfamilie, und dazu gehören vor allem unsere engsten Freunde, auch sie sollten unseren Schutz und unsere Zuwendung genießen.

Meditation über Parvati

In der Meditation können Sie Qualitäten wie Schönheit, inneres Licht und Güte entwickeln – entweder, indem Sie sich auf diese Kräfte konzentrieren oder indem Sie Ihre Achtsamkeit stattdessen auf Ihr Kronen-Chakra richten und ein harmonisches, friedvolles und lichtes Bild von Parvati visualisieren.

Um die Meditation zu vertiefen, können Sie mit den Händen die Mudras Parvatis einnehmen.
Mit der linken Hand bilden Sie Varadamudra (»Geste der Wunschgewährung«). Die Handfläche ist dabei nach oben gewandt, und die Finger weisen schräg nach vorne und nach unten – so, als würden Sie jemandem zeigen wollen, was in Ihrer Hand geschrieben steht.
Die rechte Hand halten Sie in Abhayamudra (»Geste des Schutzes«). Dazu halten Sie die Hand mit der Handfläche nach vorn und den Fingern nach oben weisend, vor Ihre Schulter.
Beide Mudras gehören zu den ältesten und kraftvollsten. Nicht nur auf Bildnissen Parvatis, sondern auch bei den meisten Buddhastatuen können Sie diese Handstellungen sehen.

QUALITÄTEN:

Treue, Güte, Geduld und Zuwendung, Geborgenheit, Familie

KRAFT/ENERGIE:

Stille/Tanz (in einer Meditation nur jeweils einen Aspekt visualisieren!)

CHAKRA:

Shasrara (Kronen-) Chakra

MANTRA:

OM-Kleem Parvatiyei Namaha

»Wie die Menschen Yoga lernten«

Parvati und Shiva meditierten auf einer Insel im weiten Ozean, als das dunkle Zeitalter des Kali Yuga vor der Tür stand. Da sprach Parvati zu Shiva: »O Shiva, was wird aus den Menschen werden? Im Kali Yuga wird ihr Geist von Materiellem angezogen, und sie werden nicht meditieren können. Ihr Leib wird von Krankheiten geplagt, so dass sie ihre spirituellen Pflichten nicht mehr erledigen können. Sie werden voller Wünsche und Begierden sein und nicht über ihren Geist herrschen. Wie können wir ihnen beistehen?« Da antwortete Shiva: »O Parvati, ich verstehe deine Sorge. Ich werde ihnen das Hatha-Yoga geben. Menschen werden von allerlei Krankheiten befallen, doch Hatha-Yoga wird ihnen helfen, sie zu überwinden. Sie werden kraftlos sein, doch Hatha-Yoga wird ihnen so viel Kraft geben, dass sie ihre spirituellen Pflichten erfüllen können. Sie werden voller Wünsche und Begierden sein, doch Hatha-Yoga wird ihren Geist zur Ruhe bringen.« Da bat Parvati Shiva, dass er sie im Hatha-Yoga unterweisen möge. Shiva begann ihr alle Asanas, die Körperhaltungen des Hatha-Yoga, zu zeigen. Doch nach 8400000 Asanas war Parvati eingeschlafen. Vor dem Einschlafen hatte sie aber einen Fisch bemerkt, der Shiva zugesehen hatte. Parvati gab diesem Fisch menschliche Gestalt und nannte ihn *Matsyendranatha*, was so viel bedeutet wie »Herr der Fische«. Parvati sandte Matsyendranatha zu den Menschen, dass er sie Hatha-Yoga lehre.

Daher gilt Shiva als der Schöpfer des Hatha-Yoga, Parvati als Vermittlerin und Matsyendranatha als der erste Guru der Menschen.

• Tod und Erneuerung •

NAME:
Kali (Erscheinungsform Parvatis/Durgas)

ELTERN:
aus Durgas Stirn geboren

GATTE:
Shiva

SÖHNE:
Ganesha, Skanda

IKONOGRAFIE:
schwarze oder dunkelblaue Haut, lange, rote Zunge, rote, hervortretende Augen, Reißzähne, drittes Auge, Rock aus abgeschlagenen Händen

REITTIER:
Schakal

WAFFEN:
Sichelschwert

HAUPTQUALITÄTEN:
Kampf gegen das Böse

Obwohl Kali in manchen Ritualen als eigenständige Göttin verehrt wird, ist sie doch nur eine Erscheinungsform *Durgas* beziehungsweise *Parvatis*. Im Gegensatz zur gütigen, friedvollen und umsorgenden Parvati bildet Kali jedoch den zornigen, zerstörerischen Gegenpol. Kali – wörtlich »die Schwarze« – ist auch als »die Dunkle«, »die Geheimnisvolle«, »die Schreckliche« oder »die Blutrünstige« bekannt. Sie gilt als unersättlich und verschlingt ihre Feinde mit Haut und Haar.

Doch ganz so furchterregend, wie es bei oberflächlicher Betrachtung scheint, ist Kali gar nicht. Schließlich ist sie nicht nur die Todes-, sondern auch die Schutzgöttin. Tantra-Texten zufolge entsteht die ganze Schöpfung aus Kali. Und alle Wesen kehren nach ihrem Tod wieder zu ihr zurück. In der »Hymne an Kali«, der *Karpuradi Stotra*, wird Kali als höchste Göttin angesehen, die die Macht über die fünf Elemente hat. Kali repräsentiert also nicht nur die destruktive Seite der weiblichen Energie, sondern sie ist ebenso die Göttin der Transformation, Veränderung und Verwandlung.

In der Mythologie wird berichtet, dass Kali auf den Plan trat, als die Dämonen übermächtig wurden. Als die kosmische Harmonie bedroht war, wurde die schreckliche Kali aus Durgas Stirn geboren. Ihre Zerstörungswut richtet sich also nicht auf den Menschen, sondern auf die Mächte des Bösen.

Nicht zuletzt ist Kali auch die Herrin der Zeit (»Kala« bedeutet »Zeit« oder »Zeitpunkt«). Sie wohnt auf Plätzen, an denen Leichen verbrannt werden – dort, wo der Übergang von der weltlichen Zeit in die Ewigkeit stattfindet.

Als Manifestation Parvatis ist Kali *Shivas* Gemahlin und somit Mutter von *Ganesha* und Skanda. Kali wird auch *Kalika* oder *Kalaratri* genannt. Als *Mahakali* (»große Kali«) ist sie die Repräsentantin der höchsten Wirklichkeit und steht auf einer Stufe mit *Brahman*. In diesem Fall wird sie als strahlendes Wesen mit zehn Köpfen und Armen dargestellt.
Mahakali ist eine sehr emanzipierte Göttin, die unabhängig ist von Shiva, ihrem männlichen Gegenpol. Auf vielen Darstellungen tanzt Kali auf dem toten Shiva. Dieses Motiv symbolisiert die weibliche Lebensenergie, ohne die das Männliche leblos und machtlos bleiben muss.
Kali gehört zu den zehn *Mahavidyas*, den großen tantrischen Göttinnen der Weisheit, die als unterschiedliche Erscheinungsformen Parvatis betrachtet werden können. Kali ist die erste der zehn Göttinnen, zu denen auch *Tara*, »die Retterin«, *Dhumavati*, »die Beschützerin der Ausgestoßenen«, oder *Matangi*, »die Göttin der Kunst«, gehören.

Kali ist meist schwarz, manchmal auch blau dargestellt. Entweder ist sie nackt oder nur spärlich bekleidet. Als Mahakali wird sie mit zehn, ansonsten nur mit vier Armen dargestellt. Die rechte Hand ist erhoben und nimmt die *Abhayamudra* ein, die dazu dient, Angst zu vertreiben.
Auffällig ist die herausgestreckte, lange rote Zunge – einerseits Symbol für ihren Blutdurst, aber auch für die aktiven Kräfte in der Natur. Ihre Augen sind rot und hervortretend, und ihre Reißzähne ergänzen den furchterregenden Anblick.
Ebenso wie Shiva hat Kali zerzaustes Haar, ein drittes Auge und oft Schlangen um den Hals. Auch trägt sie auf einigen Bildern einen Dreizack, immer aber ihr sichelförmiges Opferschwert, mit dessen Hilfe sie die Schleier der Illusion durchtrennt.

In der Hand hält Kali manchmal einen abgeschlagenen Dämonenkopf. Kalis Wut richtet sich jedoch nicht gegen die Menschen. Ihre Aufgabe besteht einzig darin, das Böse zu vernichten – sei es in Form der Dämonen oder in Form der Gifte im menschlichen Geist, wie insbesondere Unwissenheit, Gier und Hass.
Weitere Gegenstände, die auf vielen Abbildungen auftauchen, sind die Blutschale, die Totenkopfkette und der Rock aus abgeschlagenen Händen. Kalis Begleittier ist der Goldschakal, manchmal werden in ihrer Nähe Wölfe oder Hunde gezeigt.

»Kalis Tanz«

Kali war eine der zehn Avatare von Parvati, der Gattin Shivas. Kali war furchterregend, voll chaotischer Kraft, ohne Schmuck und Juwelen – schrecklich wie die Zeit selbst und gewaltiger als diese. Einst war Kali so wild in ihrem Tanz, dass sie das gesamte Universum bedrohte. Die Götter waren besorgt und baten Shiva um Hilfe – er war der Einzige, der die Göttin bezähmen konnte.
Also forderte Shiva Kali zu einem Tanzwettstreit heraus und bestimmte, dass sie sich in einem goldenen Palast miteinander messen sollten, wo alle Götter dem Wettstreit beiwohnen konnten.
Der erste Tanz ging unentschieden aus. Beide tanzten großartig – vielleicht war Kali ein wenig besser. Dann jedoch warf Shiva seinen Ohrring zu Boden. Daraufhin sprang er hoch und landete auf einer Hand. Auf einer Hand stehend sprang er um den Ring und klatschte

bei jedem Sprung in die Hände. Schließlich stellte er sich auf den Kopf, mitten auf den Ring und wirbelte so schnell herum, dass sein Gewand sich wie eine Blüte öffnete und seine Genitalien sichtbar wurden. Kali sah Shivas Tanz fasziniert zu. Als es an ihr war, es Shiva gleich zu tun, zögerte sie. Sollte sie sich ebenso zur Schau stellen – vor allen Göttern?
Schließlich verneigte sie sich vor Shiva und gestand ihre Niederlage ein, und sie tanzte fortan weniger wild.

Als Parvati einst Shiva bat, diejenige ihrer Verkörperungen zu wählen, die er am meisten liebte, gestand er zu ihrem großen Erstaunen, dass er sich mit Kali am wohlsten fühle. Daher ist Kali die höchste Verkörperung Parvatis.

Kali als unsere Begleiterin

Kali kommt aus der Dunkelheit, doch sie führt uns auch aus der Dunkelheit zurück zum Licht. Das Geheimnis Kalis ist das Geheimnis der Schönheit des Todes. Denn der Tod ist kein Ende, sondern nur ein Durchgang in ein lichteres Dasein. Da Kali die Göttin des Todes ist, erfordert es Mut, sie als Meditationsobjekt zu wählen. Kalis Waffen deuten an, dass nichts Bestand hat und alles der Vernichtung unterworfen ist. Ihre Halskette aus Totenköpfen trägt noch dazu bei, Angst auszulösen. Doch genau darum geht es bei der Meditation über Kali: sich seiner eigenen Angst zu stellen, Kali direkt ins Angesicht zu schauen, um

schließlich zu entdecken, dass diese Konfrontation uns von allen Fesseln befreit. Und paradoxerweise befreit sie uns auch von unseren Ängsten. Ihren Verehrern ist Kali wohlgesonnen. Indem sie die Verblendungen, die Ängste und das Festhalten des Ego mit ihrem Schwert durchtrennt, bringt sie der Seele Freiheit und Licht. Angst einflößend ist Kali nur für Menschen, die nicht den Mut aufbringen, dem Tod ins Auge zu sehen. Kali hat die Zeit transzendiert. Sie kann zur Führerin werden, die uns vom Diesseits ins Jenseits begleitet. Nicht nur beim Sterbeprozess, sondern auch in dunklen Zeiten des Leidens und langer Krankheiten hilft Kali uns, die Dunkelheit zu überwinden. Doch Kali ist auch die Göttin, die wir zur Hilfe rufen sollten, wenn es darum geht, »kleine Tode« zu überstehen – Abschiede, Verluste, Krisen, Scheitern und Enttäuschungen.

Nicht zuletzt können wir Kalis Energie nutzen, um »die Dämonen« in uns selbst zu vernichten. Diese Dämonen können ganz unscheinbar sein: Oft zeigen sie sich nur in düsteren oder gewalttätigen Gedanken, in schädlichen Verhaltensweisen oder darin, wie wir andere oder uns selbst verurteilen. Diese negativen Kräfte können eliminiert werden, doch das gelingt nur, wenn wir sehr wachsam sind und unser Denken und Fühlen genau beobachten.

Meditation über Kali

Um Kali in einer Meditation visualisieren zu können, sollten Sie sich eine oder mehrere Darstellungen der Göttin genau einprägen. Dass die Meditation über die »schwarze Kali« zur Befreiung und ins Licht führt, ist schwer zu erklären, aber leicht zu erfahren. Sie können die Meditation in dunklen Zeiten anwenden oder immer dann nutzen, wenn Sie sich von Ihren »inneren Dämonen« erlösen wollen.

QUALITÄTEN:

Angst überwindender Mut,
Besiegen der dunklen Kräfte

KRAFT/ENERGIE:

Dunkelheit

MANTRA:

OM – Shri Mahakalikayai Namaha

»Wie Kali den unbesiegbaren Dämon besiegte«

Dämonen und Götter lagen nicht immer im Kampf. Schließlich waren sie alle aus dem All-Einen geboren. Doch der Kosmos muss im Gleichgewicht bleiben. Der Büffel-Dämon Mahishasura wollte unbesiegbar werden. Um höchste Kraft zu erlangen, unterzog er sich harten Askeseübungen und komplizierten Reinigungsritualen. Dann begab er sich zum heiligen Ort Pushkara und meditierte dort zehntausend Jahre lang. Die Reumütigkeit und Hingabe des Asuras berührte Brahma, und er gewährte ihm den Wunsch, dass ihn kein Mann, weder Mensch noch Gott, töten könne. Mahishasura wähnte sich nun unbesiegbar. Seine Gier nach Macht und Reichtum wuchs ins Unermessliche. Er führte zahlreiche Schlachten und gewann immer größere Reichtümer. Schließlich wollte er sogar den Himmel regieren, und er zog mit seiner Dämonenschar gegen die Götter und vertrieb sie. Mahishasura schwang sich zum Herrscher des Himmels auf und gebot, dass alle nur ihn anbeten sollten. Die kosmische Harmonie war bedroht, und Chaos breitete sich aus. Die Götter kämpften zwar mit aller Macht gegen die Dämonen, die von Mahishasura angeführt wurden – aber trotz aller Bemühung gelang es ihnen nicht, die Asuras zurückzutreiben oder gar zu bezwingen.

Da versammelten sich die Götter. Shiva und Vishnu waren voller Zorn, und aus ihren Augen strömte göttliches Licht, das sich mit der Kraft der anderen Himmlischen vereinte und die Form von Durga, der Kriegsgöttin, annahm. Shiva schenkte ihr einen Dreizack, Vishnu das Sudarshanachakra, Surya gab ihr seine Strahlen.

Denn eines hatte Mahishasura bei seinem Wunsch übersehen. Zwar konnte ihn kein Mann, ob Mensch oder Gott, besiegen – doch an eine Frau, gar an eine Göttin, hatte er in seinem Hochmut nicht gedacht. Auf einem gewaltigen Löwen reitend zog die Göttin mit lautem Lachen in den Kampf. Der Kosmos bebte, die Berge schwankten und die Meere erhoben sich. Immer wieder wechselte Mahishasura während des Kampfes seine Gestalt. Er wurde vom Löwen zum Elefanten und schließlich zum Büffel. Dem schlug Durga den Kopf ab und setzte damit der Überheblichkeit des Dämonen ein Ende. Die Schlacht war jedoch noch nicht gewonnen. Nach dem Sieg fielen weitere Asuras über die Himmlischen her. Es war eine mächtige Armee, doch Durga besiegte sie alle.

Schließlich erschien der schreckliche Dämon Raktavija, der die Welt aus dem Gleichgewicht zu bringen drohte. Denn wann immer er verletzt wurde und eine Gliedmaße oder ein Blutstropfen von ihm zur Erde fiel, erwuchs daraus ein weiterer Raktavija – auf diese Weise war er unsterblich und unbesiegbar. Durga kämpfte mit dem Dämon, doch schon bald war die Erde mit Tausenden von Asuras bevölkert, mit einer unübersehbaren Zahl Raktavijas, die aus des Dämonen Blutstropfen entsprungen waren. Der Kampf schien nicht zu gewinnen zu sein.

Doch Durgas Stirn entsprang plötzlich die entsetzliche Kali. Ihre drei Augen blickten wild umher und leuchteten rot, und ihre Finger waren wie die Klauen einer Löwin. Kali brüllte so laut, dass das Weltall erschüttert wurde, und griff die Dämonen an. Sie blies Feuer aus ihrem Mund und verbrannte viele Dämonen zu Asche, schlug anderen die Köpfe ab, trank ihr Blut, riss ihnen die Gliedmaßen aus und schleuderte sie von sich fort. Doch die Armee wurde dadurch nur größer.

Schließlich wurde es Kali zu bunt – mit ihrer Zunge ergriff sie alle Dämonen und verschlang sie mit Haut und Haaren. Nun stand ihr nur noch der ursprüngliche Raktavija gegenüber. Ihm schlug sie den Kopf ab und trank alles herausströmende Blut, bevor es auf den Boden tropfen und neue Dämonen gebären konnte. Somit wurde Raktavija vollkommen vernichtet. Auf diese Weise bezwang Kali in ihrer Raserei das Dämonenheer und stellte dadurch die Harmonie des Kosmos wieder her.

• Erfolg, Glück, Intelligenz •

NAME:
Ganesha

ELTERN:
Shiva, Parvati

IKONOGRAFIE:
Elefantenkopf

REITTIER:
Maus (Ratte)

WAFFEN:
Axt

HAUPTQUALITÄTEN:
Weisheit, Humor, Intelligenz, Bildung

Ganesha ist sicher der bekannteste und zumindest in Indien der beliebteste Gott. Doch auch im Westen taucht der Name »Ganesha« immer wieder auf, wenn von indischen Göttern die Rede ist. Steinfiguren Ganeshas sind nicht nur in indischen Tempeln und Schreinen, sondern auch als Schmuckelement in westlichen Wohnzimmern und Geschäften überaus beliebt. Dabei gehört Ganesha zu den jüngsten Göttern Indiens, denn er findet erst ab dem 5. Jahrhundert in Schriften Erwähnung.
Ganesha ist der Gott des Erfolgs. Er repräsentiert Reichtum, Wohlstand und Fülle und steht für weltliches Glück. Als Gott des Handels und »Bezwinger der Hindernisse« wird er in Indien vor allem von Kaufleuten verehrt. Doch Ganesha ist darüber hinaus der Gott der Poesie, der Schrift, Literatur und Wissenschaften. Viele Legenden berichten von seiner außergewöhnlichen Intelligenz. Als »Gott der Buchstaben« und Schutzherr der Wissenschaften spielt Ganesha im Leben von Schülern und Studenten eine bedeutende Rolle. Ganesha ist ein gütiger, gnädiger, freundlicher und humorvoller Gott. Er hat viele menschliche Züge.

»Ganeshas Geburt«

Parvati war traurig, dass sie keine Kinder mit Shiva hatte. So sprach sie einst zu ihrem Gatten: »Wir sollten Nachkommen haben, die die Rituale für dich durchführen. Daher vereinige dich noch heute mit mir, auf dass ich einen Sohn empfange.« Shiva war nicht angetan von dieser Idee. »Liebste, ich bin kein Familienvater, und ich kann mit einem

Kind nichts anfangen. Ich bin unsterblich, und die Rituale muss niemand für mich durchführen. Du bist Frau, und ich bin Mann – lass uns die Freuden unserer Vereinigung genießen und uns daran erfreuen, dass wir die Ursache jeglichen Lebens sind. Nachkommen brauchen wir nicht.« »O Shiva«, entgegnete Parvati, »was du sagst, stimmt natürlich. Doch ich wünsche mir so sehr einen Sohn. Du bist mein Gatte, und daher solltest du mit mir ein Kind zeugen.« Allmählich wurde Shiva ob der Beharrlichkeit Parvatis ärgerlich und verließ ihr gemeinsames Heim. Parvati war darüber sehr traurig und weinte lange Zeit. Schließlich machten sich ihre Freundinnen Jaya und Vijaya auf den Weg zu Shiva, um seinen Ärger zu besänftigen und ihn zu Parvati zurückzubringen. Als Shiva sah, wie traurig seine Geliebte war, verrauchte seine Wut sofort, und er sprach: »Warum, o Parvati, bist du so traurig, nur weil du keinen Sohn hast? Ich verstehe das nicht; doch wenn du unbedingt einen Sohn haben willst, werde ich dir einen machen.«

Er riss ein Stück aus Parvatis rotem Kleid, formte aus dem Stoff ein Kind und legte es Parvati an die Brust. Sobald die Stoffpuppe Parvatis Brust berührte, begann sie sich zu regen und rief nach seiner Mutter. Die Göttin weinte vor Freude über den schönen Knaben. Dann legte sie ihn Shiva in den Arm und sagte: »Mein Gatte, halte meinen Sohn, den du mir schenktest, als dein Herz von Mitleid erweicht wurde. Ich möchte, dass auch du die Vaterfreuden fühlst.« Shiva nahm den Kleinen auf den Arm und besah ihn sich genau. Dann runzelte er die Stirn. »Ach, Parvati, dein Sohn steht unter einem bösen Omen, und er wird nur sehr kurze Zeit leben.« Kaum hatte er das gesagt, fiel des Knaben Kopf von seinem Körper. Parvati war außer sich vor Kummer. Sie hob den Kopf auf und weinte bittere Tränen über ihn. Shiva war gerührt und sprach: »Weine nicht, liebste Parvati. Es gibt keinen größeren Kummer als den um einen verstorbenen Sohn. Ich werde ihn für dich wieder zum Leben erwecken.« Doch der Kopf war beim Sturz beschädigt worden, und das Kind hätte nicht damit leben können. Shiva dachte nach und sagte schließlich: »Da dein Sohn nach Norden blickte, als er in deinen Armen lag, werden wir im Norden nach einem neuen Kopf suchen.« Und er sandte Nandi, den Stier, der sein treuer Gefährte und sein *Vahana,* sein Reittier, war, um einen neuen Kopf zu finden. Nandi zog sofort in Richtung Norden los und stieß alsbald auf einen königlichen Elefanten, schlug seinen Kopf ab und brachte ihn zu Shiva und Parvati. Shiva setzte den Elefantenkopf auf den Körper seines Sohnes, der sich sofort mit dem Körper des Knaben verband, der im gleichen Augenblick wunderschön wurde: rund und rosig, vierarmig und dreiäugig und lieblich duftend. Alle Götter kamen herbei und bestaunten den Sohn Parvatis und brachten ihm wunderbare Geschenke. Brahma sprach: »O Shiva, dein Sohn wird vor allen anderen Göttern, außer dir, der du Anfang und Ende bist, verehrt werden.« Und Ganesha wurde ein großer Yogi, und alle Weisen huldigten ihm.

In Indien beginnen Rituale meist mit der Verehrung Ganeshas. Ein sehr beliebtes und populäres Fest zu seinen Ehren ist *Ganesh Chaturthi*, das in ganz Indien gefeiert wird. In Tempeln, auf einfachen Schreinen oder am Straßenrand werden kleine Ganesha-Figuren aus Lehm aufgestellt und reich geschmückt. Zehn Tage lang dauern die Feierlichkeiten. Zum Abschluss des Festes ziehen die Gläubigen ans Meer oder an einen Fluss, wo die Statuen versenkt werden. Dabei löst sich der Lehm auf und Ganesha kehrt zur Natur zurück.

Ganesha ist auch als *Ganapati* bekannt. Weitere Namen sind *Vinayaka*, *Vigneshvara* oder *Vignesha* – all diese Bezeichnungen beziehen sich auf den Gott, »der die Hindernisse beseitigt«. Weitere Namen sind *Ekadanta*, »der mit nur einem Stoßzahn«, und *Siddhita*, »der, der Erfolg bei der Arbeit gewährt«.

In Südindien wird Ganesha vorwiegend als Junggeselle beschrieben, als *Brahmacarin*, der enthaltsam und ohne Gemahlin lebt. Im Norden ist er symbolisch mit *Siddhi*, der spirituellen Kraft, *Riddhi*, dem Wohlstand, und *Buddhi*, dem Intellekt, verheiratet, wobei diese Prinzipien sich mitunter auch als Gattinnen aus Fleisch und Blut zeigen. Ganeshas Bruder ist *Kartikeya* oder *Skanda*, der Kriegsgott.

»Ganeshas Weisheit«

Parvati und Shiva hatten noch einen weiteren Sohn, Skanda, der aus sechs Funken aus Shivas drittem Auge entstanden war. Ganesha und Skanda waren also Brüder – und wie alle Brüder stritten sie dann und wann einmal.

Einst brachte Parvati die Frucht der Erkenntnis nach Hause, und die beiden Kinder gelüstete es nach der Frucht. Shiva und Parvati beendeten den Streit, indem sie ihren Kindern eine Aufgabe stellten: Wer als Erster dreimal die Welt umrundete, würde die Frucht als Siegespreis bekommen. Skanda sprang sofort auf seinen Pfau und machte sich daran, die Aufgabe zu erfüllen. Schnell wie der Wind raste er über den Planeten. Zweimal schon hatte er die Welt umrundet, während Ganesha noch überlegte. Er wusste, dass er es nicht mit Skandas Geschwindigkeit aufnehmen konnte. Dann lächelte er, erhob sich aus seinem Lotossitz und ging langsam dreimal um seine Eltern herum. Kurz darauf kam Skanda auf seinem Pfau atemlos zurück und jubelte, dass er den Wettstreit und die Frucht gewonnen habe. Ganesha aber lächelte und sprach: »Du irrst dich, o Skanda. Ich habe gewonnen!« Skanda rief empört: »Wie kannst du so etwas behaupten, Bruder? Du hast ja den Berg Kailash nicht einmal verlassen!« »Sieh, Skanda: Unsere Eltern sind das ganze Universum – und ich habe sie dreimal umrundet und daher die Wette gewonnen.« Skanda sah ihn verblüfft an und wandte sich an seine Eltern. Shiva und Parvati waren sehr stolz auf beide Söhne.

Parvati sprach: »Skanda, du wirst von allen Menschen für deine Stärke verehrt werden, und du, Ganesha, für deine Weisheit.« Und Shiva entschied, dass Ganesha die Frucht gewonnen habe. Skanda war sehr enttäuscht. Aber Ganesha triumphierte nicht über seinen Bruder, sondern schenkte ihm die Frucht.

Die Darstellungen des Elefantengottes haben sich im Laufe der Zeit sehr gewandelt. Ganesha wird oft auf einem Thron sitzend oder auf einem Lotos stehend abgebildet. Es gibt Bilder, die ihn als kleinen Jungen alleine oder in Gesellschaft mit seinen Eltern Parvati und Shiva zeigen. Auf tantrischen Darstellungen sieht man ihn zudem als geschmeidigen Tänzer. Üblicherweise wird Ganesha als kleiner, stämmiger Mann mit Elefantenkopf gezeigt. Als Symboltier spielt der Elefant als Wächter des Universums in der indischen Mythologie eine wichtige Rolle. Die Kraft des Elefanten vermag alle Hindernisse aus dem Weg zu räumen, und der Elefantenkopf steht für göttliche Weisheit und Intelligenz. Ganesha hat kleine Augen, die seine Konzentrationskraft symbolisieren. Sein runder Bauch ist gewaltig und repräsentiert die Gesamtheit des Kosmos. Auf den meisten Bildern wird Ganesha mit vier Armen dargestellt, die die vier Prinzipien Intellekt, Geist, Ego und Bewusstsein symbolisieren. In seinen Händen trägt Ganesha oft eine Axt, die Waffe, mit der er seine Anhänger vor Dämonen beschützt; weiterhin eine Lotosblüte, die für göttliche Reinheit und Wiedergeburt steht. Andere Gegenstände, die er in seinen Händen halten kann, sind die Muschel oder die Wasserlilie. Es gibt auch Gemälde, auf denen er schützende Handstellungen einnimmt.

Ganesha trägt einen Schlangengürtel und eine Gebetskette. Einige Statuen und Bilder zeigen ihn mit abgebrochenem Stoßzahn. Der Teller mit Früchten und die Süßigkeiten oder Reisklöße weisen einerseits auf die Fülle der Natur, andererseits auf Ganeshas Naschlust hin. Die Opferspeisen auf dem Boden symbolisieren zudem, dass Ganesha die ganze Welt zu Füßen liegt.

Was Ganeshas Reittier betrifft, so ist nicht eindeutig, ob es sich dabei um eine Ratte oder eine Maus handelt. Doch ob Maus oder Ratte – in jedem Fall symbolisiert sie als Schädling Gier und Selbstsucht. Das Sanskritwort *Musaka* (»Maus«) leitet sich aus der Wortwurzel *»Mus«* = »Stehlen« ab. Indem Ganesha auf der Maus oder Ratte reitet, wird die Herrschaft und Kontrolle der Weisheit über die Selbstsucht illustriert.

»Warum Ganesha nur einen Stoßzahn hat«

Einst reiste Parashurama, der sechste Avatar des Vishnu, in den Himalaya, um seinem Guru, Shiva, der ihn die Kampfkünste gelehrt hatte, Respekt zu zollen. Wie er so seines Weges ging, versperrte ihm plötzliche eine Gestalt den Weg: Niemand anders als Ganesha war es, der den Reisenden ein wenig ärgern wollte. Parashurama, der große Kämpfer, war es nicht gewohnt, auf seinem Weg behindert zu werden. Als Ganesha nach einer erneuten Aufforderung nicht den Weg frei machte, griff Parashurama zu seiner Streitaxt, die er von seinem Lehrer Shiva bekommen hatte, und schlug Ganesha einen Stoßzahn ab. Eigentlich war Ganesha ja unverwundbar – doch da der elefantenköpfige Junge wusste, dass die Waffe Parashuramas ein Geschenk seines Vaters gewesen war, setzte er dem Angriff nichts entgegen und ließ zu, dass er ihm damit seinen linken Zahn abtrennte. Ganesha selbst nahm das gelassen, doch seine Mutter Parvati war sehr aufgebracht. »Ich werde Parashurama die Arme abschneiden!«, schrie sie und nahm die allmächtige Gestalt von Durga an. Sie wollte gerade Parashurama bestrafen, als Shiva erschien und sie beruhigte. »O Parvati, vergib Parashurama – ist er nicht, da ich sein Guru bin, auch dein Sohn?«, fragte Shiva. Und Parashurama, der seine Tat schon längst bitter bereute, fiel vor Parvati auf die Knie und bat sie um Vergebung. Parvati hatte sich schon wieder einigermaßen beruhigt, doch ihre Augen funkelten noch. Da sprach Ganesha selbst zu seiner Mutter. »Mutter, vergib ihm doch. Es war eigentlich meine Schuld, denn ich stellte mich dem großen Krieger in den Weg.« Auf diese Fürsprache hin vergab Parvati Parashurama, dass er ihren Sohn verstümmelt hatte. Parashurama schenkte Ganesha seine göttliche Axt, die ihn verletzt hatte. Seither ist Ganesha auch als *Ekadanta*, »der Einzahn«, bekannt.

Der Stoßzahn Ganeshas spielte später noch eine wichtige Rolle. Als Vyasa das Mahabharata schreiben wollte, bat er Ganesha, ihm dabei zu helfen. Ganesha stimmte zu, doch stellte er eine Bedingung: Vyasa müsse die gesamte Geschichte ohne Unterbrechung erzählen. Vyasa erklärte sich damit einverstanden, doch er hatte eine Bedingung: Ganesha müsse jeden Vers verstanden haben, bevor er ihn niederschrieb. Und so entstand das Mahabharata, die Upanishaden und die Puranas. Ganesha schrieb alles auf – mit seinem Stoßzahn als Griffel.

Ganesha als unser Begleiter

In Indien ist Ganesha vor allem deshalb so populär, weil er Erfolg und Wohlstand verheißt und Glück bringt. Für jeglichen Erfolg von Unternehmen ist sein Segen entscheidend. Rituale zu Ehren Ganeshas werden durchgeführt, bevor Häuser gebaut, Reisen angetreten, Verträge unterschrieben oder Hochzeiten gefeiert werden. Werdende Mütter beten zu Ganesha, auf dass ihre Kinder tugendhaft werden. Immer dann, wenn wir einen Neubeginn wagen wollen – ganz gleich, in welchem Bereich unseres Lebens –, sollten wir Ganesha um Hilfe bitten. Als »Hüter der Schwelle« schützt er die Zeit des Übergangs, unterstützt uns dabei, das Alte hinter uns zu lassen und das Neue mit Elan anzusteuern. Ganesha hilft uns auch, die Freude am Leben wiederzuentdecken. Schließlich steht die Gottheit nicht zuletzt für Genuss, Wonne und sinnliche Freuden. Ganesha zeigt uns, dass es durchaus möglich ist, in sich zu ruhen und zugleich doch für die süßen Seiten des Lebens empfänglich

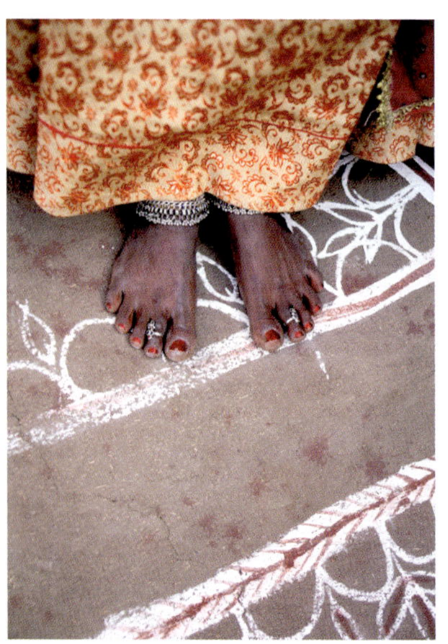

zu sein. Äußerer Wohlstand steht nicht im Widerspruch zu spiritueller Weisheit – das eine schließt das andere nicht aus. Doch Reichtum und Wohlstand sollten nie zum Selbstzweck werden, sondern uns darin unterstützen, unsere wahren Aufgaben besser zu bewältigen.

»Ganesha und die Reisbällchen«

Modakas, süße Reisbällchen, waren Ganeshas Lieblingsspeise. Wie sehr er diese Reisbällchen mochte, zeigte sich, als er einst von seinem Freund Kuvera, dem Gott des Wohlstands, zum Essen eingeladen wurde. In Kuveras Palast gab es die ausgesuchtesten Speisen und Getränke. Ganesha aß und aß und hörte nicht mehr auf zu essen. Kuvera wurde es angst und bange. Schon waren alle Speisen verzehrt, und Ganesha machte sich daran, die Teller und Töpfe zu verspeisen. Kuvera fürchtete schon, selbst verschlungen zu werden, und wandte sich an Shiva, Ganeshas Vater. Shiva schickte Ganesha zu seiner Mutter Parvati. Sie lächelte, gab ihm einen Modaka – und Ganesha war gesättigt und zufrieden und Kuvera musste nicht mehr fürchten, in Ganeshas Magen zu landen.

Einst hatte Ganesha bei Freunden, die mit ihm seinen Geburtstag feierten, eine große Menge Modakas gegessen. Sein ohnehin wohlgerundeter Bauch war bis zum Bersten gefüllt. Es war Nacht geworden, und er ritt auf seiner Ratte nach Hause. Da kroch eine Schlange über den Weg. Ganeshas Reittier erschrak und machte einen Satz, so dass Ganesha zu Boden stürzte – und auf seinem Bauch landete. Durch den harten Aufprall platzte Ganeshas Bauch auf, und all die Modakas, die er verschlungen hatte, rollten heraus. Ganesha zauderte nicht lange, sondern packte die Schlange, stopfte sich die Modakas wieder in seinen Bauch und knotete den Magen mit der Schlange zu. Chandra, der Mond, hatte das alles beobachtet und bekam einen heftigen Lachanfall. Ganesha fand das gar nicht lustig. Voller Wut warf er seinen abgetrennten Stoßzahn gegen den Mond und sprach einen Fluch aus: Wer an dem Tag, der ihm geweiht war, den Mond ansah, dem würde ein schlechter Ruf vorauseilen, und niemand würde ihm glauben, selbst wenn er die Wahrheit spräche. Seit dieser Zeit sollte man sich davor hüten, an Ganeshas Geburtstag in den Mond zu sehen, wenn man nicht als Lügner gelten will.

Meditation über Ganesha

Ganesha-Meditationen sind vor allem dann hilfreich, wenn Sie Pläne in die Tat umsetzen wollen oder vor einem Neubeginn stehen. Ganesha vereint zwei scheinbar entgegengesetzte Aspekte in sich: einerseits Weisheit und Spiritualität, andererseits Genuss und Lebensfreude. Tatsächlich sind aber beide Pole wichtig, wenn Unternehmungen gleich welcher Art von Erfolg gekrönt sein sollen. Ganesha öffnet uns den Blick auf alle unsere Möglichkeiten.

Eine Meditation über Ganesha gewinnt sehr durch sinnliche Zutaten. Wenn es möglich ist, umgeben Sie sich bei der Meditation mit der

Farbe Rot, beispielsweise roten Tüchern oder roten Blumen. Oder Sie malen mit roter Farbe, zum Beispiel Lippenstift, einen roten Fleck auf Ihre Nasenwurzel, zwischen den Augenbrauen. (Nicht zu verwechseln mit der Stelle des Dritten Auges, das höher liegt.)

QUALITÄTEN:

Humor, Intelligenz, Erfolg, Reichtum, Wohlstand, Bildung

KRAFT/ENERGIE:

rot strahlendes Licht

CHAKRA:

Muladhara (Wurzel-) Chakra

MANTRA:

OM – Gam Ganapataye Namah

Ganesh Chaturthi – Das Fest der guten Wünsche

Am vierten Tag des Monats *Bhadrapad* (vier Tage nach dem ersten Neumond nach Mitte August) wird zehn Tage lang Ganeshas Geburtstag gefeiert. *Ganesh Chaturthi* ist eines der bekanntesten hinduistischen Feste und wird in ganz Indien begangen. Schon Wochen oder gar Monate vor dem eigentlichen Fest werden Ganesha-Statuen hergestellt – von ganz kleinen, einfachen, die Kinder aus Lehm machen, bis zu gewaltigen, meterhohen und sehr kunstvollen Skulpturen, die von professionellen Künstlern geschaffen werden. Die Tonfiguren Ganeshas werden einige Tage lang, während der Feierlichkeiten, zur Verehrung Ganeshas aufge-

stellt, und die Menschen beten vor ihnen und bitten Ganesha um materiellen und spirituellen Reichtum. Schließlich werden die Tonfiguren in einer Prozession zum Wasser (einem Fluss oder See) getragen und dem Wasser übergeben, wo sie sich allmählich auflösen.

Sie können Ihr eigenes Ganesha-Ritual an dem Geburtstag des elefantenköpfigen Gottes der Gelehrsamkeit und Weisheit abhalten.

- Stellen Sie ein Bildnis oder eine Skulptur Ganeshas auf und schmücken Sie diese.
- Gestalten Sie selbst aus Ton eine Ganesha-Figur. Es ist nicht wichtig, dass sie künstlerisch gelungen ist – wichtig ist nur, dass Sie Ganesha tatsächlich selbst mit den Händen formen.
- Beginnen Sie jeden Morgen der zehn Tage mit einem Gruß an Ganesha, vor der Tonfigur: »OM – Gam Ganapataye Namah!«
- Ersetzen Sie jeden der zehn Tage eine Mahlzeit durch eine kleine Schale Pudding oder Milchreis, die Sie zu Ehren von Ganesha achtsam verzehren.
- Schließen Sie jeden Abend mit einer Bitte an Ganesha ab. Verbeugen Sie sich vor der Tonfigur und sprechen Sie aus (laut oder innerlich), was Sie in Zukunft erreichen möchten. Bleiben Sie ganz und gar bei Ihrem Wunsch und stellen Sie sich vor, wie Ganesha, in der Tonfigur symbolisiert, Ihren Wunsch aufnimmt.
- Am zehnten Tag bringen Sie die Figur zu einem Fluss oder einem See (notfalls nehmen Sie einfach einen Eimer Wasser) und setzen Ganesha dort hinein. Indem er sich auflöst, werden Ihre Wünsche frei und versuchen, sich zu verwirklichen.

NAME:
Krishna

ELTERN:
Devaki und Vasudeva (Zieheltern: Nanda und Yashoda)

IKONOGRAFIE:
Hirte mit blauer Haut, Pfauenfeder im Haar, Flöte spielend

REITTIER:
Maus (Ratte)

WAFFEN:
Sudharshanachakra (Wurfscheibe)

HAUPTQUALITÄTEN:
Sinnlichkeit, Erotik, Lebensfreude, Kreativität

Krishna – wörtlich übersetzt »der Schwarze« – ist die achte Inkarnation Vishnus. Krishna ist in Indien überaus populär. Kaum ein Gott hat so viele unterschiedliche Gesichter wie er. In den Schriften begegnet Krishna uns unter anderem als kleiner Schelm, als verführerischer Liebhaber und schließlich als göttlicher Held.

Schon bei seiner mitternächtlichen Geburt wurde Krishnas göttliches Wesen offensichtlich. In der Mythologie wird beschrieben, dass die Sterne in dieser Nacht so hell wie nie zuvor leuchteten und die Seen von blühenden Lotosblüten bedeckt waren. Schon als Bala-Krishna, als das »Heilige Kind«, wirkt er Wunder, kämpft gegen Dämonen und ist ansonsten zu allerlei Streichen aufgelegt.

In der Bhagavatapurana wird erzählt, dass Krishna als Kind vor dem grausamen König Kamsa versteckt werden musste, der ihm nach dem Leben trachtete, und so als Kuhhirte aufwuchs. Darstellungen, die Krishna als stattlichen, jungen Hirtengott zeigen, der die Gopis, die jungfräulichen Kuhhirtinnen, mit dem göttlichen Klang seiner Flöte verführt, sind weit verbreitet. Trotz der eindeutig erotischen Anspielungen sollten wir nicht vergessen, dass die Botschaft der indischen Götter letztlich immer eine spirituelle ist. Wenn Krishna mit den Mädchen tanzt und sie in sich verliebt macht, so ist dies ein Sinnbild für die Sehnsucht der menschlichen Seele nach Gott, die durch Krishnas Musik geweckt wird.

Trotz zahlloser Liebeleien – Krishna soll 16 108 Frauen gehabt haben – wurden nur acht Frauen zu seinen fürstlichen Gemahlinnen, darunter die Glücksgöttin Rukmini. Seine Seelenpartnerin aber, seine einzige kosmische Geliebte und Shakti, wurde Radha, die Göttin der Hingabe. Nur mit ihr konnte er im Liebesspiel die göttliche Einheit erfahren.

Im Mahabharata-Epos tritt Krishna als Held in menschlicher Gestalt auf. Das Mahabharata erzählt, wie Krishna im Krieg zwischen den Dynastien der Kauravas und Pandavas der Wagenlenker Arjunas ist. Arjuna ist der Heerführer der Pandavas, und Krishna, sein Berater und Beschützer, führt ihn während der Schlacht in die Geheimnisse des Yoga ein. Der äußere Streit zwischen den verfeindeten Parteien, der Thema der Bhagavad Gita ist, wird nur im übertragenen Sinne verständlich: Hier geht es nicht um ein tatsächliches Blutvergießen, sondern symbolisch um den edlen Kampf gegen innere Feinde wie Hass, Unwissenheit, Gier oder Angst. Das Schlachtfeld steht für das Bewusstsein, das von lichten und dunklen Kräften, von Lichtwesen (Devas) und Dämonen (Asuras) beeinflusst wird.
Die verschiedenen Lebensabschnitte Krishnas gehören zu den Lieblingsthemen in der indischen Kunst – sowohl im Tanz, der Musik, der Malerei als auch im indischen Theater.

»Krishnas Geburt«

Eines Tages war die Erdmutter so angewidert von den Gräueltaten und Vergehen der Könige und Herrscher, dass sie sich an Brahma wandte. Brahma beratschlagte darüber mit Vishnu. Nach langen Gesprächen seufzte Vishnu und versprach, dass er als neugeborenes Kind auf die Erde kommen und den Tyrannen eine Lehre erteilen würde.

Der Herrscher von Mathura war der gütige König Ugrasena. Als er sich eines Tages mit seiner Frau im Garten erging, sah ein Dämon die Königin, und es verlangte ihn nach ihr. Er verwirrte Ugrasena die Sinne und gab sich selbst des Königs Gestalt. So gelang es ihm, seine Begierde zu befriedigen. Aus dieser Verbindung entstand ein Kind, von dem nun alle glaubten, es sei das Kind des Königs. Sein Name war Kamsa.

Schon als Kind war er ungebärdig, und als er erwachsen war, stürzte er seinen vermeintlichen Vater, warf ihn in den Kerker und erhob sich selbst zum Herrscher. Das Volk von Mathura lebte in Furcht und Abscheu vor dem jungen König. Kamsa hatte eine Schwester namens Devaki, die den edlen Vasudeva heiraten sollte. An ihrem Hochzeitstag verdunkelte sich die Sonne, und es erhob sich eine Stimme im Himmel. »O Devaki! Acht Söhne wirst du gebären. Und der achte wird Kamsa vernichten.«

Eine Weile herrschte Stille. Dann stieß Kamsa einen wütenden Schrei aus, zog sein Schwert und wollte seine Schwester erschlagen. Doch ihr Ehemann Vasudeva trat mutig dazwischen. »Kamsa, halte ein! Begehe kein Unrecht an deiner Schwester und schone sie. Ich verspreche, dass

dir jedes neugeborene Kind übergeben wird.« Kamsa besann sich kurz. Dann senkte er sein Schwert. »So möge es sein. Doch um sicher zu sein, dass ihr mich nicht betrügt, werdet ihr eure Räume im Palast nicht mehr verlassen.« Fortan lebten Devaki und Vasudeva in Gefangenschaft. Und als Devaki einem hübschen Jungen das Leben schenkte, holte ihn Kamsa und tötete ihn. So geschah es auch mit den folgenden Kindern. Als Devaki wieder schwanger wurde, weinte sie, und Vasudeva beklagte ihr bitteres Schicksal. Da erschien mit einem Mal Vishnu in ihrer Kammer. »Habt Geduld – bald schon werde ich kommen, um euch und das Volk zu befreien!« Devaki und Vasudeva begannen Hoffnung zu schöpfen. Vishnu sprach weiter. »Als euer Sohn werde ich kommen.«
Als sich das Paar von seiner Überraschung erholt hatte, fuhr Vishnu fort: »O Vasudeva, höre: Sobald ich geboren bin, trage mich nach Gokula, zum Hause deines Freundes, Nanda, Oberhaupt der Kuhhirten. Nandas Frau Yashoda hat soeben eine Tochter geboren. Tausche mich gegen sie aus und bringe Yashodas Tochter mit dir zurück. Fürchte dich nicht, denn nichts wird dir im Wege stehen!« Dann verschwand Vishnu, wie er gekommen war.

Es war Ashtami, der achte Tag des Mondkalenders, als um Mitternacht das göttliche Kind geboren wurde. Vasudeva nahm das Kind in den Arm und machte sich sofort auf den Weg zu Nanda. Die Ketten und Schlösser und schweren Türen, die das Paar gefangen hielten, sprangen auf, und Vasudeva erinnerte sich der Worte Vishnus: »Nichts wird dir im Wege stehen!«
Als Vasudeva den Fluss Yamuna überqueren wollte, brach ein Gewittersturm los und das Wasser schwoll an. Furchtlos stürzte sich Vasudeva in

die Fluten und überquerte den Fluss, während er das Kind hoch über seinem Kopf hielt. Doch die Strömung drohte ihn mit sich fortzureißen. Da erschien eine große, fünfköpfige Schlange und beschützte Vasudeva und das Baby, so dass sie sicher ans andere Ufer gelangten. Vasudeva erreichte Gokula und vertauschte schnell die beiden Kinder. Dann eilte er mit der Tochter Nandas im Arm wieder nach Hause in sein Gefängnis zurück.

Während das Volk von Gokula die Geburt des wunderschönen Knaben, des Sohnes von Nanda und Yashoda, bejubelte, schlossen sich die Tore, Schlösser und Ketten hinter Vasudeva. Kamsa wurde über die Geburt des Kindes unterrichtet, woraufhin er sofort zu seiner gefangenen Schwester eilte, um das neugeborene Kind zu töten. Sieben Neffen hatte er schon getötet und nun endlich auch diesen achten!

Er ergriff das Kind, doch es sprengte seinen Griff und flog empor. Dort verwandelte sich das Baby in die Göttin Yogamaya, die sprach: »Kamsa, du Narr. Wozu willst du mich töten? Dein Untergang ist bereits an einem anderen Ort!«

Kamsa tobte vor Wut und ordnete an, dass alle männlichen Kinder, die innerhalb der letzten zehn Tage in Mathura geboren worden waren, umgebracht werden sollten.

Krishna aber wuchs sicher und wohlbehütet bei seinen Zieheltern Nanda und Yashoda im Wald in Brindavana auf. Nicht lange dauerte es, bis Kamsa von einem außergewöhnlichen Kind in der Nachbarstadt hörte, und er sann darauf, es zu töten, da er spürte, dass dies der achte Sohn Devakis sein musste. Als Erste sandte er die Hexe Putana. Sie machte sich auf den Weg und verwandelte sich mit ihrer Magie in eine

hübsche junge Frau. Sie suchte Yashoda auf und pries sie und ihren Sohn. Yashoda hörte das Lob gern und willigte ein, als die Hexe darum bat, dem Kind einmal die Brust geben zu dürfen. Sie wollte es dabei vergiften. Doch der kleine Krishna saugte unbeirrt an ihrer Brust, zuerst trank er die Milch, und dann saugte er das Leben aus Putana.
Kamsa tobte, aber er gab nicht auf. Wieder und wieder sandte Kamsa Dämonen aus, die Krishna umbringen sollten. Doch Krishna besiegte sie allesamt mühelos. Als er sechzehn Jahre alt war, vernichtete er schließlich, wie die Prophezeiung vorhergesagt hatte, seinen grausamen Onkel Kamsa und seine Verbündeten, befreite seine leiblichen Eltern aus ihrem Gefängnis und gab Mathura dem rechtmäßigen König, seinem Großvater Ugrasena, zurück.

Krishna entstammt dem königlichen Geschlecht der *Mathura*. Seine Eltern sind die Prinzessin *Devaki* und deren Gemahl *Vasudeva*. Aufgezogen wurde Krishna jedoch von den Kuhhirten *Nanda* und *Yashoda*. Zu seinem Bruder *Balarama* hat er zeitlebens ein inniges Verhältnis. Seine Halbschwester *Subdhara* ist die Frau Arjunas, des Helden aus der Bhagavad Gita.
Zu den *Ashtabharyas*, der Gruppe der acht königlichen Begleiterinnen Krishnas, gehören *Rukimini, Satyabhama* und *Kalindi*.
Krishna hat viele Namen und Beinamen, darunter *Govinda* (der Hüter der Kühe, der den Sinnen Freude bereitet), *Param Brahman* (das höchste Brahman), *Ishvara* (der Herrscher), *Vishnu* (der Alldurchdringer) oder *Bhagavan* (der Herr des Glücks). In einigen Legenden taucht er als *Jagannatha* (Herr des Universums), *Kanhaiya* (der Geliebte der Jungfrauen) oder *Mohan* (der Verzauberer der Frauen) auf.

Je nach Lebensphase wird Krishna sehr unterschiedlich dargestellt. Auf vielen Gemälden wird Krishna als bezauberndes kleines Kind, das auf allen vieren krabbelt, Butter stiehlt oder gegen den Schlangendämon kämpft, gezeigt. Bereits auf diesen Bildern trägt er die für ihn so typische Flöte bei sich.

Verbreitet sind Krishna-Bilder, die ihn als Hirtengott mit blauer Haut zeigen. Als schöner Jüngling, der meist einen Rock aus gelber Seide und eine Pfauenfeder im Haar trägt – beides Symbole für die göttliche Schönheit –, betört er die unschuldigen Hirtenmädchen, die Gopis. Auf diesen Darstellungen spielt oder tanzt Krishna mit den Gopis. Oft sind im Hintergrund Kühe oder Kuhherden zu sehen.

Im Zentrum dieser Bilder steht seine *Bansuri* – eine nordindische Querflöte aus Bambus. Zum einen versinnbildlicht sie die Leere, die Voraussetzung für die Erkenntnis des Ewigen ist. Wäre die Flöte nicht hohl (oder leer), könnte sie keine Töne erzeugen. Ebenso muss der menschliche Geist vollkommen offen und entleert sein, um die Fülle erfassen zu können, die jenseits der sinnlich wahrnehmbaren Welt liegt. Auf der anderen Seite ist der verführerische Klang von Krishnas Flöte auch ein Symbol für die Sehnsucht der Herzen nach Gott.

Nicht zuletzt wird Krishna als göttlicher Wagenlenker dargestellt. Auf dem Streitwagen steht er meist neben dem Kriegshelden Arjuna. Die vier Arme repräsentieren seine Allmacht, das *Sudharshanachakra*, eine diskusförmige Wurfwaffe, zeigt seine Entschlossenheit, gegen das Böse zu kämpfen.

»Krishna und Radha«

Krishna wuchs als Hirtenjunge auf. Schon als Kind bezauberte er alle, trotz seiner Streiche und seiner Wildheit. Als er ein junger Mann wurde, bezauberte er vor allem die Mädchen. Seinem Flötenspiel und seinen feurigen Augen konnte keine widerstehen. Eines Tages badeten die Hirtenmädchen, die Gopis, im Fluss. Krishna schlich sich an und stahl die Kleider der Badenden. Dann kletterte er auf einen Baum und spielte auf seiner Flöte.

Es dauerte nicht lange, da beendeten die Gopis ihr Bad und bemerkten, dass ihre Kleider verschwunden waren. Sie mussten nicht lange raten, wo sie geblieben waren – es konnte nur Krishna gewesen sein. Denn sein Flötenspiel war nicht weit entfernt zu hören gewesen. Doch was konnten sie tun? Sie waren nackt. Schließlich überwand sich eine, lief unbekleidet zu dem Baum, in dem Krishna saß, und forderte die Kleidung der Mädchen zurück. Krishna lachte und entgegnete: »Du kannst dein Kleid für einen Kuss haben!« Jede der Gopis musste nun splitternackt vor Krishna tre-

ten und ihre Kleidung mit einem Kuss auslösen. So wurden nach und nach alle Gopis Krishnas Geliebte und vergaßen im Liebesspiel ihre Pflichten.

Nun – nicht alle Gopis. Eines der Hirtenmädchen, Radha, hatte sich nicht von Krishna verführen lassen. Sie mied ihn, da sie nicht eine von vielen sein wollte. Eines Tages jedoch traf sie Krishna allein am Fluss, und sie erkannten einander als Vishnu und Lakshmi und wussten, dass sie füreinander bestimmt waren. Sie wollten zusammen sein, doch das Schicksal trennte sie immer wieder voneinander. Aber es konnte auch nicht verhindern, dass sie immer wieder zueinander fanden. Krishna war zu großen Taten bestimmt und Radha dazu, ihn im Herzen zu bewahren und auf ihn zu warten

Krishna besiegte seine Feinde in großen Schlachten, und Radha wartete. Er wurde König, und sie wartete. Er wurde als Herr des Universums verehrt, und sie wartete. Selbst als er Rukmini und Satyabhama zu seinen Frauen nahm und eine Familie gründete, wartete sie.

Eines Tages jedoch fanden die beiden göttlichen Liebenden zusammen und vereinten sich im Liebesspiel. Radhas Liebe zu Krishna war so groß, dass sie mit Krishna verschmolz und keine Verehrung Krishnas vollständig ist, wenn Radha nicht mitverehrt wird.

Krishna als unser Begleiter

Krishna ist der Gott der Lebensfreude. Inmitten der sinnlichen Erfahrungen repräsentiert er doch stets das göttliche Prinzip. Krishna liebt die Musik, den Tanz und die Frauen. Auf seiner Flöte lässt er die Melodie der Schöpfung erklingen. Krishna lädt uns dazu ein, die Freude und Begeisterung in unserem Herzen zu entdecken und sie Tag für Tag in unserem Leben zu verwirklichen.

Krishna ist ein sehr humorvoller Gott. Er nimmt sich selbst nicht zu ernst. Als Bala-Krishna – das »Heilige Kind« – ist er besonders verspielt. Krishnas *Lila* steht im Zentrum seiner Botschaft. »Lila« ist ein philosophischer Begriff aus dem Hinduismus, der beschreibt, dass die ganze Schöpfung ein göttliches Spiel ist. Als Lebenseinstellung fördert Lila die Kräfte der Freiheit und Kreativität. Das glückselige Spiel des Seins wird auch im *Ras lila*, einer religiösen Form des klassischen indischen Tanztheaters, zum Ausdruck gebracht.

Lebensfreude, Offenheit, aber auch hingebungsvolle Liebe, in der Erotik und Zweisamkeit gelebt wird, wie sie durch die innige Verbindung Krishnas und Radhas symbolisiert werden, sind die wichtigsten »Krishna-Aspekte«, die uns heilsame Impulse geben können, wenn unser Leben allzu grau zu werden droht.

Meditation über Krishna

Durch die Meditation können Sie Qualitäten wie Lebensfreude und Kreativität kultivieren und Ihre kindliche Weisheit wecken. Krishna ist sinnlich, verspielt und lebensfroh – und voller Leidenschaft für das, was er beginnt. Nähern Sie sich in dieser Meditation Krishna an: Versenken Sie sich in Abbildungen Krishnas und versuchen Sie zu spüren, wie mit dem Beginn der Meditation seine sprühende Begeisterungsfähigkeit auf Sie übergeht. Sie können sich auch auf das zweite Chakra konzentrieren, das das spirituelle Zentrum der Sexualität, der Kreativität, Vitalität, Lebensfreude und Leidenschaft ist. Legen Sie Ihre Hände auf den Unterbauch und spüren Sie, wie Sie von Krishnas Kraft erfüllt werden. Und wenn Sie dabei sexuelle Erregung spüren, ist das ganz in Krishnas Sinn.

QUALITÄTEN:

Lebensfreude, Begeisterung, Kreativität, Leidenschaft

KRAFT/ENERGIE:

orange strahlendes Licht

CHAKRA:

Svadhisthana (Sakral-) Chakra

MANTRA:

OM – Shri Krishnaya Namaha

»Die Welt in Krishnas Kehle«

Krishna war ein lebhaftes und aufgewecktes Kind. Aber er spielte den Leuten gerne Streiche – er band Kälber los, er goss die gerade frisch gemolkene Milch aus oder stahl Butter. Doch niemand konnte ihm lange böse sein.

Eines Tages kamen Spielkameraden Krishnas zu Yashoda und berichteten ihr, dass Krishna Erde gegessen habe und sie nicht wieder ausspucken wolle. Yashoda fürchtete, dass Krishna krank werden könnte, und schalt ihn. Krishna lächelte nur und sprach: »Sieh selbst nach!« Er öffnete den Mund, und Yashoda blickte hinein. Doch statt Zunge, Zähne und vielleicht ein wenig Erde zu sehen, starrte Yashoda in Ehrfurcht auf das, was dort in Krishnas Mund war: das gesamte Weltall, die Zeit von Ewigkeit zu Ewigkeit, Himmel, Sonne und Mond, die ganze Erde mit den zahllosen Lebewesen, alle Träume, Wünsche, Begierden, alle Liebe, alle Kämpfe, Geburt und Tod. Auch ihr eigenes Heim sah sie – und sich selbst, wie sie Krishna in den Mund sah.

Yashoda schwindelte vor dem Unfassbaren, und sie erkannte, dass Krishna die Inkarnation eines Gottes war. Da wollte sie sich vor ihm zu Boden werfen und ihn anbeten. Sogleich verschwand die Vision, und Yashoda vergaß alles, was sie in Krishnas Mund gesehen hatte. Nur ein Gefühl des Staunens und der Liebe zu Krishna blieb.

Krishna Janmashtami – Das Fest der göttlichen Geburt

Dieses Fest wird zum Geburtstag von Krishna gefeiert. Es findet am achten Tag nach dem Vollmond des Monats *Bhadrapada* statt. Im westlichen Kalender ist das zwischen Mitte August und Anfang September. Da Krishna um Mitternacht geboren wurde, beginnt das Fest mit einem Fastentag, der um Mitternacht, wenn das eigentliche Fest beginnt, endet. An diesem bedeutenden hinduistischen Feiertag werden alle Tempel geschmückt, Singspiele werden aufgeführt, Glocken geläutet und Hymnen gesungen. Die Menschen beten zu Krishna und es werden Rituale vollzogen.

Auch Sie können den Tag für sich mit einem kleinen Ritual begehen.

- Beginnen Sie mit 24 Stunden Fasten.
- Während dieses Fastentages stellen Sie Krishna-Bilder oder Statuen auf und schmücken Sie diese mit Blumen.
- Bereiten Sie leckere, aber leichte Speisen für das Fastenbrechen zu.
- Meditieren Sie über Krishna.
- Um Mitternacht denken Sie mit Freude und Dankbarkeit an die Geburt Krishnas und verzehren die vorbereiteten Speisen. Weihen Sie die Speisen symbolisch Krishna, indem Sie jeweils eine Fingerspitze in ein Schälchen vor einem Krishna-Bild oder einer Statue geben.
- Schreiben Sie mit einer weißen oder blauen Kreide das Zeichen ॐ (OM) über Ihre Eingangstür.

HANUMAN

• *Verwandlung* •

NAME:

Hanuman

ELTERN:

Vayu (der Windgott), Anjana

SHAKTI:

Radha

IKONOGRAFIE:

rotes Affengesicht, gelbe Haut, langer Schwanz

WAFFEN:

Keule

HAUPTQUALITÄTEN:

Mut, Selbstlosigkeit, Hingabe, Wandlungsfähigkeit, Beweglichkeit, Körperkraft

Hanuman ist der hinduistische Gott der Verwandlung, Flexibilität und Stärke. Nicht nur im *Ramayana*, in dem sein Leben beschrieben wird, sondern auch im *Mahabharata* finden wir zahlreiche Heldengeschichten, die über die außergewöhnlichen Fähigkeiten Hanumans berichten.

Hanuman ist unverwechselbar. Er ist der »Affengott«, der Gott in Affengestalt oder genauer gesagt, der mit dem Gesicht eines Affen. Sein Name setzt sich aus den Sanskritsilben »*Hanu*« (Kiefer) und »*man*« (zerstört, entstellt) zusammen. Nachdem Indra ihn in seiner Wut mit einem Blitz gegen einen Felsen geschleudert hatte, brach Hanuman sich den Kieferknochen, woraufhin sein Gesicht entstellt blieb.

Von Hanuman heißt es, dass er zu den stärksten und mutigsten Göttern gehört. Er ist der Schrecken der Dämonen, gegen die er gemeinsam mit *Rama* kämpft. Durch *Brahmas* Segen ist Hanuman unbesiegbar und sein Körper so hart wie Diamant. Zudem verfügt Hanuman über viele magische Fähigkeiten – die *Siddhis*. Hanuman ist schnell wie der Wind, er kann durch die Lüfte fliegen und laut wie der Donner brüllen. Er kann jede Form annehmen, kann nach Wunsch winzig klein und riesengroß werden. Mit Leichtigkeit trägt er einen ganzen Berggipfel auf nur einer Hand oder überquert den Ozean mit wenigen Schritten. Durch seine Gottergebenheit sind ihm die Götter wohlgesonnen. *Shiva* schenkt ihm Langlebigkeit und Weisheit. *Yama*, der Todesgott, segnet Hanuman mit Gesundheit, und durch *Agnis* Gunst kann er selbst durch das mächtigste Feuer nicht verbrannt werden.

»Die Geburt des Helden«

Anjana, die Tochter des Affenkönigs Kunjara und Gattin von Kesari, war makellos und in den drei Welten für ihre Schönheit berühmt. Sie hatte die Gabe, jede Gestalt annehmen zu können, die sie wollte. Einst wanderte sie in menschlicher Gestalt in den Bergen umher, und Vayu, der Gott der Lüfte, wehte durch ihr Kleid und enthüllte ihren Leib. Vayu war von Anjanas Schönheit gefesselt und liebkoste sie zärtlich.
Anjana erschrak sehr und rief: »Wer ist es, der mich unsichtbar berührt?«
Vayu antwortete: »Fürchte dich nicht, o Anjana. Ich werde dir kein Leid antun und dich nicht entehren. Doch ich werde im Geist in deinen Körper eintreten, und du wirst schwanger werden. In dir wird ein mutiger und heldenhafter Knabe heranwachsen, der die Macht besitzt, zu springen und zu fliegen wie ich.« Anjana staunte über die Worte des göttlichen Vayu sehr. Doch sie spürte bereits das werdende Kind in sich und war sehr erfreut über das Geschenk des Gottes.
Als Ihre Zeit gekommen war, zog sie sich in eine Höhle zurück, wo sie Hanuman gebar.

In ganz Indien wird Hanuman verehrt – manchmal allein, meist jedoch gemeinsam mit Rama, dem unermüdlichen Kämpfer gegen das Böse. In jedem Rama-Tempel sind auch Hanuman-Statuen oder -Bilder zu sehen, denn Hanuman gilt als feurigster Verehrer Ramas. Trotz seiner furchterregenden Kräfte ist Hanuman an sich ein sehr gutmütiger Gott, der oft auch als etwas einfältig beschrieben wird. Zeit seines Lebens ist er ein hingebungsvoller Diener und treuer Beschützer Ramas. Hanuman trägt Rama allezeit in seinem Herzen und widmet sein Leben dem Dienst am Göttlichen. In dieser Rolle gilt er als der größte aller Karma-Yogis: Hanuman handelt vollkommen selbstlos. Nie fragt er nach den Früchten seiner Taten, denn er ist überaus bescheiden und es geht ihm nicht um Ruhm und Ehre. Doch auch als Bhakti-Yogi ist er ein Vorbild, da seine Hingabe an das Göttliche grenzenlos ist. Seinen Anhängern zufolge ist es genau diese Hingabe, die die Quelle seiner magischen Kräfte ist.

»Wie Hanuman die Sonne pflücken wollte«

Als Hanuman noch ein kleines Kind war, glaubte er, die gerade aufgehende rote Sonne sei eine reife Frucht, und er setzte sich in den Kopf, diese wunderbare Frucht zu erlangen. So sprang er denn 300 Yoganas empor, weit über die höchsten Berge hinaus. Surya strahlte mit großer Hitze, doch die Hitze der Sonne konnte dem jungen Helden nichts anhaben. Als Indra sah, wie Hanuman den himmlischen Gefilden immer näher kam, wurde er zornig und schleuderte seinen Blitz, den Vajra, auf den Knaben. Der Blitz traf Hanuman, und er stürzte besinnungslos erst auf den Gipfel des höchsten Berges und von dort hinunter auf die Erde. Beim Sturz auf den Fels brach Hanumans linker Kieferknochen. Als sein Vater Vayu, der Gott der Winde, erfuhr, wie sein Sohn von Indra misshandelt worden war, zog er sich aus der Welt

zurück und nahm die Luft mit sich. Alle Lebewesen drohten zu ersticken, und die Götter waren in großer Sorge.
Hanuman war jedoch nicht tot, wie alle glaubten, sondern nur ohnmächtig. Als Indra sah, dass Hanuman nicht nur seinen Blitz, sondern auch den tiefen Sturz überlebt hatte, staunte er sehr. Er hauchte Hanuman wieder Lebenskraft ein und sprach: »Dein Sohn, o Vayu, wird fortan vor meinem Blitz sicher sein, denn er wird einen Körper haben, der stärker als Vajra ist.« Brahma sprach: »Dein Sohn, o Vayu, wird von keiner Waffe getötet werden können. Er wird Angst in seinen Feinden wachsen lassen und Angst in seinen Freunden vernichten können.« Shiva sprach: »Dein Sohn, o Vayu, wird die heiligen Schriften kennen und auf ewig von mir beschützt werden.«
Varuna sprach: »Deinem Sohn, o Vayu, wird Wasser nichts anhaben können, und er wird mit Leichtigkeit das Meer überschreiten.« Agni sprach: »Deinem Sohn, o Vayu, wird Feuer nichts anhaben können und kein Feuer wird ihn verbrennen.« Surya gab ihm die Fähigkeit, winzige und riesige Gestalt annehmen zu können. Und Yama, der Todesgott, schenkte ihm Gesundheit und die Gabe, erst dann zu sterben, wenn er selbst es wollte. Da ward Vayu besänftigt und ließ die Luft wieder frei, so dass die Lebewesen atmen konnten. Und Hanuman wurde einer der größten Helden, die die Welt je gesehen hat.

Hanuman ist der Sohn der Halbgöttin *Anjana* und des Windgottes *Vayu*, der ihm die Macht über den Sturm und die Energie des Atems verleiht. Hanuman ist eine Manifestation *Shivas*, einigen Legenden zufolge sogar dessen Sohn. Er ist einer der sieben *Chiranjivis*, der unsterblichen Wesen des *Kali-Yuga*-Zeitalters. Hanumans Halbbruder

Bhima, ebenfalls Sohn Vayus und einer der *Pandava*-Söhne aus dem *Mahabharata*, gilt ebenso wie Hanuman als Symbol für außergewöhnliche Kräfte.

Zu den häufigsten Namen und Beinamen Hanumans gehören *Mavahir* (»mächtiger Held«), *Pavanasuta* (»Sohn des Windgottes«), *Anjaneya* (»Der von der Nymphe Anjana Geborene«) und *Bajrang Bali* (»Der safranfarbene Starke«).

In weiten Teilen Indiens gilt Hanumans Geburtstag *Hanuman Jayanti* zu den bedeutendsten hinduistischen Festen. Die Rituale beginnen früh am Morgen. Den ganzen Tag über werden Gebete gesprochen und Lieder gesungen. Die Gläubigen tragen rotes *Sindur*-Pulver auf ihre Stirn auf, um Glück und Gesundheit von Hanuman zu erbitten.

»Der Fluch der Vergesslichkeit«

Als Kind war Hanuman ein unbezähmbarer Wildfang und spielte jedermann wilde Streiche, da er sich seiner großen Kräfte nicht bewusst war. Nicht einmal die meditierenden Weisen im Wald waren vor ihm sicher. Während sie in Meditation saßen, schlich er sich an, versteckte ihre geringen Habseligkeiten und brachte die heiligen Zeremonialgegenstände durcheinander. Allmählich wurde es sogar den gelassenen Weisen zu viel, und sie berieten, was sie tun könnten. Seine Streiche waren unerträglich, doch sie wollten ihn nicht hart strafen – schließlich war er doch nur ein Kind, wenn auch von göttlicher Abstammung und unbesiegbar. Schließlich belegten sie Hanuman mit einem harmlosen, aber wirkungsvollen Fluch. Dadurch vergaß er seine besonderen Fähigkeiten so lange, bis er dereinst von jemand anderem wieder daran erinnert werden sollte. Fortan ließ Hanuman die Weisen in Ruhe und wusste nicht mehr, welche göttlichen Gaben er hatte, bis ihm schließlich von Jambavantha, dem König der Bären, seine Herkunft und seine Fähigkeiten ins Gedächtnis gerufen wurden und er in dem folgenden Kampf zwischen Rama und Ravana einer der größten Helden wurde.

Auf Darstellungen ist Hanuman als sehr muskulöser, großer Mann zu sehen. Durch seine offensichtliche körperliche Stärke werden Durchsetzungsvermögen und die Kraft, Dinge in der Welt zu bewegen, symbolisiert. Als Gott mit einem Affengesicht deutet Hanuman darauf hin, dass jedes Wesen die Möglichkeit hat, das Göttliche zu erkennen. Typisch für Hanuman-Bilder sind der lange Schwanz, die gelbe Haut und die rote Gesichtsfarbe. Manchmal trägt Hanuman eine Keule, mit der er gegen seine Feinde kämpft. Viele Motive deuten auf Episoden aus Hanumans Leben hin und zeigen beispielsweise, wie er den Kräuterberg auf einer Hand trägt oder sein Herz öffnet, um zu zeigen, dass er Rama und Sita im Herzen hat. Es gibt aber Darstellungen, die Hanuman in Meditation oder gemeinsam mit Rama und Sita zeigen.

»Hanumans Sprung übers Meer«

Hanuman verehrte Rama über alles. Und er lebte, um Rama zu dienen. Die Begegnung der beiden großen Helden fand in Kishkindha statt – Rama und sein Bruder Lakshmana waren gerade auf der Suche nach Ramas Frau Sita, die der Dämon Ravana entführt hatte. Zu dieser Zeit wusste Hanuman noch nicht von seinen großen Kräften, da ihn ein Rishi, den er in seiner Kindheit mit Streichen geplagt hatte, mit einem milden Fluch belegt hatte. Hanuman sollte sich seiner Kräfte erst wieder bewusst werden, wenn ihn ein anderer daran erinnerte.

Nun war das Heer Ramas am Meeresufer versammelt, und Verzweiflung machte sich breit, da der Asura Ravana die schöne Sita über das Meer entführt hatte. Das Meer aber schien unüberwindlich – wilde Wogen sprangen bis zum Himmel auf, die Wellentäler reichten in unermessliche Tiefen, und im Wasser tummelten sich schreckliche Gestalten. Die Weisen berieten, wer wohl in der Lage sei, das Meer zu überwinden, doch es fand sich keiner unter all den Helden.

Da sah der alte Weise Jambavantha, der Bärenkönig, Hanuman abseits sitzen, der noch nichts von seiner Stärke wusste. Jambavantha aber kannte Hanumans Herkunft und erzählte ihm das Geheimnis seiner Geburt, seine Abstammung von dem Gott der Lüfte, Vayu, und von den großen Gaben, die ihm die Götter verliehen hatten. Und Hanuman wurde sich seiner außergewöhnlichen Kräfte bewusst.

Sogleich sprang er auf, um seine Aufgabe zu erfüllen. Er ließ seinen Körper zu Riesengröße anwachsen und sprang über das Meer nach Sri Lanka, wohin Sita von Ravana gebracht worden war.

Dort spürte er sie im Ashoka-Hain auf. Sita war verzweifelt und wollte sich das Leben nehmen, um den Aufdringlichkeiten Ravanas zu entgehen. Hanuman erschien vor ihr und zeigte ihr Ramas Ring. »Sita, sorge dich nicht weiter«, sprach er. »Rama sucht schon lange nach dir. Bald schon wirst du befreit werden.« Sitas Herz wurde leicht, und sie bekam wieder Hoffnung und übergab Hanuman ihren Ring. Hanuman machte sich ans Werk. Er zerstörte einen Palast des Dämonenkönigs nach dem anderen, verwüstete seine Besitzungen und tötete Tausende der Rakshasas. Ravana war außer sich vor Wut und schickte den mächtigen Jambumali. Doch Hanuman riss einen Baum aus und erschlug Jambumali damit. Ravana schickte noch zahlreiche andere Dämonen, doch denen erging es nicht besser. Schließlich ließ sich Hanuman, der gerne Streiche spielte, von Ravanas Sohn Indrajita gefangen nehmen. Als er vor Ravana gebracht und mit dem Tod bedroht wurde, lachte er nur und sprach: »O Ravana, du unseliger Asura, halte ein mit deinen lächerlichen Drohungen. Gib Sita ohne weiter zu zögern an Rama zurück und entschuldige dich, dann wird der großherzige Rama dich verschonen. Weigerst du dich, wirst du vernichtet werden.«

Ravana tobte und befahl, Hanuman zu enthaupten. Doch Ravanas Bruder Vibhishana gebot ihm Einhalt, da es gegen das Weltgesetz verstoße, einen Boten zu töten – wer dagegen handle, werde auf ewig verflucht. Ravana sah das ein und zog seinen Befehl zurück. Doch er wollte Hanuman unbedingt bestrafen. So ordnete er an, dass Hanumans Schwanz mit ölgetränktem Tuch umwickelt und angezündet werde.

Als die Rakshasas dies tun wollten, ließ Hanuman seinen Schwanz so sehr wachsen, dass es niemals genügend Tuch gegeben hätte, um die Aufgabe zu erfüllen. Die Rakshasas waren verwirrt; da ließ Hanuman den Schwanz wieder zu normaler Größe schrumpfen und ließ zu, dass die Rakshasas ihn in Brand setzten – es konnte ihm ja nichts anhaben, da er durch die Gabe Agnis vor Feuer gefeit war. Doch als der Schwanz brannte, sprang Hanuman wie wild umher und setzte alle Paläste in Brand.
Als das getan war, sprang Hanuman wieder über das Meer, übergab Rama Sitas Ring und berichtete ihm von seinen Taten. Rama umarmte Hanuman und sprach. »O Hanuman, du größter aller Helden, ich stehe für immer in deiner Schuld!« Hanuman aber kniete vor Rama nieder und schwor ihm ewige Treue. Seither waren Rama und Hanuman unzertrennliche Freunde.

Hanuman als unser Begleiter

Wenn wir uns die charakteristischen Qualitäten Hanumans ansehen, so fallen besonders seine außergewöhnliche Wandlungsfähigkeit und seine Stärke auf. Hanuman ist der Herrscher über die Gestalt und vermag Übermenschliches zu leisten. Der Weg, der ihn dazu befähigt, ist der Weg der Hingabe an Rama oder Gott. Als Sohn des Windgottes Vayu ist er zudem Schutzherr des *Pranayama,* der Atemübungen des Yoga.

Wie passt das alles zusammen, und wie können wir die Energie Hanumans für unsere Entwicklung nutzen? Zum einen besteht Hanumans

Botschaft darin, dass wir uns darum bemühen sollten, wandlungsfähig und flexibel zu bleiben. Durch Nachgiebigkeit gewinnen wir viel mehr innere Kraft als durch Starrheit. Versuchen wir daher, Routine und Eintönigkeit immer wieder gezielt entgegenzuwirken. Das können wir zum Beispiel tun, indem wir Gewohnheiten durchbrechen, uns auf das Neue einlassen, neue Orte aufsuchen oder offen für neue Begegnungen oder für neue Meinungen sind.

Die übernatürlichen Kräfte Hanumans – die *Siddhis* – stehen erst am Ende eines sehr, sehr langen Yoga-Weges. Dennoch können wir unsere inneren Kräfte gewaltig steigern und deutlich mehr leisten, als wir bisher angenommen haben. Der Gott in Affengestalt gilt nicht zuletzt als Symbol für den begrenzten menschlichen Geist, der trotz seiner Sprunghaftigkeit und Unruhe jederzeit das Potenzial hat, höhere Bewusstseinsstufen zu erklimmen. Hanumans Weg dorthin führt über die Hingabe und das Vertrauen in die Kraft des Göttlichen.

Da nur wenige Menschen die Möglichkeit haben, ohne Weiteres leidenschaftliche Hingabe zum Göttlichen zu entwickeln, ist es meistens besser, einen »Umweg« zu nutzen. Dieser besteht darin, Geistesruhe durch Pranayama – die Zügelung und Kontrolle des Atems – zu kultivieren. Das Ausatmen spielt dabei eine besondere Rolle, da es die Qualität des Loslassens und der Hingabe unterstützt.

»Der fliegende Berg«

Im Kampf Ramas gegen Ravana wurde Ramas Bruder Lakshmana schwer verwundet. Deshalb wurde Hanuman mit der Aufgabe betraut, Sanjivani zu besorgen, ein Kraut, das selbst schwerste Verletzungen heilen konnte. Dieses Kraut gab es nur auf einem bestimmten Berg im Himalaya. So machte sich Hanuman eilends auf den Weg. Ravana erfuhr davon. Seine Hoffnung auf einen Sieg war gewachsen, denn er ahnte, dass Rama den Kampf gegen ihn wohl aufgeben würde, wenn Lakshmana sterben würde. Und nun mischte sich Hanuman ein! Daher schickte Ravana den Zauberer Kalanemi, um Hanuman von seiner Aufgabe abzuhalten. Hanuman jedoch durchschaute den Plan und erschlug Kalanemi. Als Ravana das vernahm, brachte er Surya, den Herrn der Sonne, durch eine Beschwörung dazu, vor dem gewohnten Zeitpunkt zu erscheinen, da der Heilkundige Sushena prophezeit hatte, dass Lakshmana sterben würde, wenn er nicht vor Anbruch des neuen Tags geheilt wurde. Hanuman aber erkannte auch diese Gefahr. Er nahm Riesengestalt an, um Surya zu fesseln und den vorzeitigen Anbruch des neuen Tages zu verhindern. Dann nahm er die Suche nach dem heilenden Kraut wieder auf. Er suchte und suchte, doch er konnte unter den vielen verschiedenen Pflanzen das Kraut nicht finden. Also riss er kurzerhand den gesamten Berg aus der Erde und machte sich auf den Rückweg zum Schlachtfeld.

Als er Ayodhya, Ramas Heimat, überquerte, erblickte ihn Ramas Bruder Bharata. Er erkannte Hanuman jedoch nicht und nahm an, dass die

Dämonen mit dem Berg Ayodhya angreifen wollten, und er schoss einen Pfeil auf Hanuman. Nun war Hanuman durch die Gabe Brahmas gegen jede Waffe immun – doch da der Pfeil Ramas Namen trug, hielt Hanuman den Pfeil nicht auf und wurde von ihm am Bein verletzt.

Er kam auf die Erde hernieder und erklärte Bharata, dass er den Berg mit sich trage, um Bharatas Bruder Lakshmana zu helfen. Bharata war bestürzt und erbot sich einen Pfeil zu schießen, auf dem Hanuman nach Sri Lanka reiten könne. Doch Hanuman schlug das Angebot aus, da er lieber aus eigenen Kräften flog. Bald traf Hanuman an seinem Ziel ein. Der Arzt Sushena machte das Kraut auf dem Berg ausfindig, und Lakshmana konnte gerettet werden. Rama umarmte Hanuman herzlich und nannte ihn seinen Bruder.

Hanuman machte sich nun daran, Surya, der ja sein Guru war, zu befreien, und bat ihn um Verzeihung, die ihm sein alter Lehrer auch gerne gewährte.

Meditation über Hanuman

Hanuman ist der Sohn des Windgottes *Vayu*, und er verbindet uns mit Prana, der kosmischen Lebensenergie, die wir insbesondere durch die Yoga-Tiefenatmung aufnehmen und kontrollieren können. Für die Meditation über Hanuman ist es besonders sinnvoll, sich mit Atemübungen vorzubereiten.

Eine hervorragende Pranayama dafür ist Kapalabhati, der »Feueratem«. Die Übung reinigt den ganzen Körper und schenkt schnell neue Energien – dies kommt der Entfaltung der Kraft in der Meditation über Hanuman, den großen Helden, zugute.

Bei Kapalabhati atmen Sie einfach kurz und stoßartig durch die Nase aus. Sie atmen aus, so, als wollten Sie eine kleine Fliege, die Ihnen in die Nase geflogen ist, loswerden. Das Einatmen lassen Sie einfach ganz von selbst geschehen. Wiederholen Sie das anfangs 20 Mal. Wenn Sie geübt sind, können Sie auch bis zu 100 Mal den Atem ausstoßen.

Achtung: Wenn Sie innerhalb des letzten Monats eine Bauchoperation hatten, dürfen Sie die Übung nicht machen. Und wenn Ihnen beim Üben ein wenig schwindlig wird, atmen Sie bitte normal weiter.

QUALITÄTEN:

Hingabe, Selbstlosigkeit, Mut

KRAFT/ENERGIE:

Atem

MANTRA:

OM – Shri Hanumate Namaha

»Hanumans Herz«

König Rama beschloss, all seine Freunde und Helfer in einer großen Zeremonie zu ehren. Einer nach dem anderen derer, die geehrt wurden, trat vor den Thron und empfing Geschenke. Hanuman jedoch kam, ohne eine Belohnung zu erwarten. Als er Hanumans ansichtig wurde, sprang Rama auf und umarmte ihn herzlich. »Niemals, o Hanuman, werde ich dir Ehren oder Geschenke geben können für die Dienste, die du mir geleistet hast, edler Vanara. So nimm nur meinen Dank und meine ewige Zuneigung.« Sita jedoch bestand darauf, dass Hanuman mindestens ebenso viel Ehre widerfahren sollte wie allen anderen Geehrten. Sie nahm eine Perlenkette von ihrem Hals und überreichte sie Hanuman. Hanuman verneigte sich und nahm sie ehrerbietig an. Dann begann er, jede einzelne Perle aufzubrechen.

Die Anwesenden waren sehr erstaunt über das sonderliche Gebaren Hanumans. Sita unterbrach Hanuman bei seinem Treiben und fragte: »O edler Hanuman, warum zerbrichst du die Perlen? Hat dich mein Geschenk nicht erfreut?« Hanuman beugte sein Haupt. »Verzeih, ehrwürdige Königin. Dein Geschenk ist das wertvollste, da ich es aus deinen heiligen Händen empfing. Doch ich wollte herausfinden, ob eine der Perlen meinen Herrn Rama beherbergt. Ich habe nichts, das ihn nicht enthält. Doch ich konnte ihn in den Perlen nicht finden.« Sita lächelte und sprach: »O unbesiegbarer Hanuman, sag an: Trägst du unseren Herrn, Rama, denn in deinem eigenen Innersten?« »Oh ja!«, rief Hanuman.

Da erhoben sich Stimmen, die sich über Hanumans tiefe Zuneigung zu Rama und Sita lustig machten und bezweifelten, dass seine Gefühle wahrhaftig seien. Sogleich riss Hanuman seine Brust auf, und jeder konnte sehen und staunen, dass Rama und Sita tatsächlich leibhaftig im Herzen Hanumans wohnten. Rama umarmte Hanuman erneut und segnete ihn.

RAMA

• *Tugend, Rechtschaffenheit* •

NAME:
Rama

ELTERN:
Dasharathas, Kausalya

HALBBRÜDER:
Lakshmana, Shatrughna und Bharata

GATTIN:
Sita

IKONOGRAFIE:
goldene Aura, bläuliche Haut, gelber Rock, Blumenkranz

WAFFEN:
Pfeil und Bogen, Schwert

HAUPTQUALITÄTEN:
Sanftmut, Rechtschaffenheit, Scharfsinn

Rama ist die siebte Inkarnation *Vishnus* und wird in ganz Indien und Nepal verehrt – für seine Anhänger ist Rama der höchste Gott, die Weltenseele. Wörtlich bedeutet Rama »Freude« oder »der, der Freude schenkt«.
Im großen Epos *Ramayana* ist Rama göttlicher Held und Kriegerkönig. Zusammen mit seiner Frau *Sita* steht er im Mittelpunkt der Sagen und Legenden. Der Mythologie zufolge hat Vishnu sich in Form von Rama inkarniert, um den zehnköpfigen Dämonenfürsten *Ravana* zu besiegen. Beim Kampf gegen Ravana, der Sita entführt hat, wird Rama von seinem treuen Diener, dem Affengott *Hanuman*, unterstützt.
Rama ist auf die Welt gekommen, um die Gerechtigkeit und den Frieden wiederherzustellen. Er beschützt die Schwachen und kämpft gegen das Böse. Dabei bringt Rama in allem Tun seine königliche Gesinnung zum Ausdruck: Er ist stets sanftmütig, freundlich und gütig. Seine Pflichten erfüllt er gehorsam und ist auch in der Not immer aufrichtig, da er um jeden Preis an der Wahrheit festhält. Rama, der scharfsinnig und intelligent ist, bleibt in allen Situationen seines Lebens tugendhaft; sogar während seiner langjährigen Verbannung, die durch die Ungerechtigkeit seiner Stiefmutter *Kaikeyi* über ihn verhängt wurde, bleibt er seinen Prinzipien treu.

Während *Rama Rajya* – Ramas Regierungszeit – herrschte Gerechtigkeit im ganzen Land. Die ganze Natur befand sich in Harmonie mit den Gesetzen des Universums. Da es keine Naturkatastrophen, keine Dürren, Überschwemmungen oder Stürme gab, konnten Pflanzen und Tiere in Frieden gedeihen, und die Ernten waren reich. In dieser Zeit respektierten alle Menschen einander. Niemand bestahl oder betrog den anderen – Verbrechen waren unbekannt. Die Menschen lebten frei von Neid und Eifersucht, hatten ein gesundes, langes Leben und genossen die Früchte eines tugendreichen Daseins.

»Wie Rama Sita gewann«

Einst herrschte König Janaka-Raja über das glückliche Land Mithila, dessen größter Schatz der mächtige Bogen war, den Shiva in der Vorzeit mit sich geführt hatte und der seither als Schatz der Vorväter gehütet wurde. Der König war eines Tages auf die Felder hinausgegangen und pflügte den Boden, um eine Opferzeremonie durchzuführen. Schon lange wünschte er sich einen Sohn. Während er so pflügte, entsprang der Erde jedoch ein neugeborenes Mädchen. Janaka-Raja nahm sie als seine Tochter an und nannte sie Sita. Sie wuchs als Prinzessin heran und wurde zur schönsten Jungfrau des Landes. Viele Helden und Könige kamen, um um ihre Hand anzuhalten. Alle Bewerber mussten sich jedoch einer Prüfung unterziehen. Doch keinem von ihnen gelang es auf Geheiß des Königs, den Bogen zu spannen, ja, nicht einmal, ihn anzuheben – und sie wurden von ihm abgewiesen. Da kam der junge Rama an des Königs Hof. Auch ihm stellte der König die Aufgabe: »Lasst den großen Bogen mit Blumenkränzen geschmückt herbeibringen.« Fünftausend kräftige Männer schoben mit Mühe den schweren achträdrigen Wagen, auf dem die Truhe mit dem himmlischen Bogen lag, herein. Dann sprach der König zu seinen Gästen: »Dieser einzigartige Bogen war im Besitz unserer Familie seit alters her. Doch niemand war stark genug, ihn zu spannen. Selbst große Helden konnten diesen ruhmreichen Bogen nicht spannen.« Da ergriff Rama spielerisch den Bogen in der Mitte, und die Menge staunte. Mit festem Arm spannte er die Sehne, bis der mächtige Bogen in zwei Teile zersprang. Der König verbeugte sich ehrerbietig vor Rama. »O Prinz Rama, du bist einzigartig unter den Helden. Deine unvergleichliche Kraft hast du uns allen bewiesen. Meine Tochter soll mit dir vermählt werden, zum Ruhme unseres Geschlechts. Ich werde mein Versprechen halten, dass der, welcher die Prüfung besteht, die Braut gewinnt. Sie ist mir lieber als Licht und Leben; und doch soll Sita dein Eheweib sein, o Rama.«

Rama ist der älteste Sohn des Königs *Dasharathas* und dessen Frau *Kausalya*. Seine Halbbrüder sind *Lakshmana, Shatrughna* und *Bharata*. Seine Gemahlin ist *Sita*. Geschichten über Rama und Sita stehen im Zentrum des Ramayana, wo sie immer wieder als göttliches Liebespaar auftreten. Rama ist auch als *Ramachandra* oder *Ram* bekannt. Sein Beiname lautet *Maryada Purushottama*, was »der vollkommene Mann« oder der »Herr der Selbstkontrolle« bedeutet.

Schon bei seiner Geburt soll Rama so hell wie tausend Sonnen gestrahlt haben. Seine außergewöhnliche Strahlkraft zeigt sich auf vielen Darstellungen, auf denen seine goldene Aura zu sehen ist. Meist hat Rama eine bläuliche Haut, muskulöse Arme und breite Schultern, was auf seine außerordentlichen Kräfte hindeutet. Er trägt einen gelben Rock und einen Blumenkranz, der den Frühling und die Wachstumskräfte der Natur symbolisiert.

Auf einigen Gemälden trägt er ein Schwert, immer aber Pfeil und Bogen. Rama gilt als ausgezeichneter Bogenschütze, und es heißt, dass niemand so gut mit dieser Waffe umgehen kann wie er. Pfeil und Bogen repräsentieren den Kampf gegen das Böse. Während Rama die Guten und Schwachen schützt, vernichtet er die Dämonen – und im übertragenen Sinne auch die dunklen Kräfte in der menschlichen Seele.
Oft wird Rama auf einer Lotosblüte stehend dargestellt. Oder er sitzt gemeinsam mit seiner geliebten Sita auf einem Thron. In vielen Tempeln sind zudem Darstellungen verbreitet, die Hanuman zu Ramas Füßen kniend zeigen.

»Ramas Verbannung«

Als der König Dasharatha alt wurde, sprach er: »Ich will noch zu meinen Lebzeiten Rama als Herrscher über mein Königreich einsetzen – dann wären mein Leben und meine Freude vollkommen, und ich erhielte einen glückseligen Platz im Himmel.«
Da aber flammte Zorn in Kaikeyis Augen auf, die die dritte Ehefrau des Königs war und ihm einen Sohn, den Helden Bharata, geschenkt hatte. »Dieser Tag sollte meinen Sohn auf dem Thron sehen, und Rama sollte in die Wälder fliehen!«, rief sie.
Sie sprach die Worte mit grausamem Zorn, streifte ihre Kleidung ab und warf sich auf den kalten Boden.

Der Monarch hatte unterdessen alles für die Inthronisierung Ramas vorbereiten lassen. Dann wandte er sich den Gemächern seiner Lieblingsfrau zu, um mit der frohen Botschaft auch ihr Ohr zu erfreuen, doch er konnte sie nicht finden. Schließlich berichtete eine der Dienerinnen dem König, dass die Königin außer sich vor Zorn die Klagekammer aufgesucht habe. Der König eilte so schnell er konnte dorthin. Er fand seine Lieblingsfrau am Boden ausgestreckt, sorgte sich sehr und fragte sie, was der Grund für ihre Klage sei.

Kaikeyi sprach: »Gib mir dein Wort, wenn du geneigt bist, meine Bitte anzuhören, dann werde ich mit Vertrauen sprechen und du sollst den Wunsch hören, um dessen Erfüllung ich dich ersuche. Erinnere dich, König: Als einst die Götter mit den Dämonen fochten und der Feind dir beinahe das Leben nahm, bewahrte ich dich vor dem Tod, und du gewährtest mir für meine aufmerksame Liebe und Sorge zwei Wünsche. Diese Wünsche, die du mir versprachst, die fordere ich jetzt ein. Wenn du dein Versprechen nicht einlöst, dann sterbe ich, bevor der Morgen tagt.«

Bang fragte der König, was ihr Wunsch sei. Und Kaikeyi sprach: »Mein erster Wunsch ist, dass du statt Rama meinen Sohn Bharata krönst. Und mein zweiter Wunsch ist, dass du Rama für zweimal sieben Jahre in den Wald schickst, wo er als Einsiedler leben soll.« Der König erschrak und versuchte, Kaiyeki diese heillosen Wünsche auszureden. Warum sollte Rama, der sich ihr gegenüber stets liebevoll und wie ein Sohn verhalten hatte, der rein und heldenhaft war, diese Schande ertragen? Doch die Königin ließ sich nicht erweichen. »Erinnere dich meiner Taten und deines Versprechens von einst. Dein Wort und dein Schwur gelten. Wenn Rama gesalbt wird, werde ich am selben Tage sterben. Vor dei-

nem Angesicht werde ich Gift trinken.« Da rief der König voll Schmerz: »Weh mir, welch unglückseliges Schicksal, ich bin gezwungen, deine Worte zu achten! Würde sich Rama wenigstens widersetzen! Doch alles, was er sagen wird, ist: ›Ich gehorche.‹ Oh, würde er sich nur meinem Willen widersetzen, verbannt von Heim und Reich. Dies wäre mir Trost in meinem Kummer.« »Mein Gemahl, du warst immer stolz darauf, die Wahrheit zu lieben und deine Gelübde einzuhalten. Warum verweigerst du mir nun meinen Wunsch zu erfüllen?«

Rama wurde gerufen und berührte in Verehrung die Füße seines Vaters und die von Kaikeyi. Der König, die Augen immer noch übervoll, rief »Rama!« und konnte nichts weiter tun. Die Stimme versagte ihm, die Augen waren trüb, er konnte weder sprechen noch seinen Sohn anse-

hen. Bekümmert bewegte der Held die Worte in seinem Herzen: »Was habe ich Falsches getan, das meinen Vater so verärgert? Wenn meine Taten seine Seele kränkten, dann schwöre ich in dieser Stunde, meinem Leben ein Ende zu setzen!«
Die Königin erwiderte stolz und kalt: »O Rama, nicht Zorn bewegt den König. Er, der mir in längst vergangenen Tagen einen Wunsch gewährte, bereut, mir sein Wort gegeben zu haben. Ich fordere von ihm nun die alte Schuld ein. Bharata soll den Thron besteigen, und du, Rama, sollst zweimal sieben Jahre im Wald leben.«
Ruhig und unbewegt antwortete Rama: »Ja, für das Wohl meines Vaters wird mich mein Weg in die Wildnis führen. Wie kann ich ihm den Willen verweigern, meinem Freund, meinem Herrn und dankbaren Herrscher? Gern würde ich meinem Bruder Bharata mein Land, meinen Reichtum und mein eigenes Leben schenken. Ungefragt gäbe ich dies alles mit Freuden, doch lieber noch auf meines Vaters Ruf hin. Ich werde für die Erfüllung des Ehrenworts meines Vaters sorgen und am heutigen Tage zum weglosen und wilden Dandakawalde reisen für zweimal sieben Jahre Exil.«

Als Lakshmana von Ramas Verbannung hörte, wurde er wütend und sprach: »Wenn Rama in den Wald geht oder wenn das brennende Feuer lodert, dann werden meine Füße als Erstes den Waldboden betreten oder die Flammen mein Haupt umgeben. Meinen alten Vater werde ich töten, diesen Sklaven von Kaikeyis Willkür!«
Rama jedoch sprach: »Zügle deinen Ärger und deinen Kummer und bleibe standhaft auf dem Pfad der Pflicht. Lieber Bruder, leg deinen Zorn beiseite und richte dich zu Freude und Stolz auf. Du und ich

müssen unseres Herrn Befehl untertänig sein, denn er ist unser erklärter König, Vater und Herr. Ich werde in der Wildnis meine Tage verbringen, bis zweimal sieben Jahre ihr Ende erreicht haben. Dann werde ich mit großer Freude heimkehren.«
Sita, Ramas geliebter Frau, quollen die Augen vor Tränen über, und sie antwortete mit sanfter und leiser Stimme: »Alle Gefahren und Leiden des Waldes erachte ich von meiner Liebe geführt nicht als Schmerz. Jede Not hat ihren Zauber, jeder Verlust ist ein Gewinn. Tiger, Elefant, Hirsch, Stier, Löwe, Büffel – sobald sie deine unvergleichliche Gestalt erblicken, wird jeder Waldbewohner ängstlich fliehen oder sich dir ehrfurchtsvoll nähern. Mit dir, mein Rama, muss ich gehen.« Und auch Lakshmana gelobte, mit dem Bruder das Leben im Walde zu teilen.

So zog denn Rama mit seinem Bruder Lakshmana und seiner Gattin Sita in den Wald. Der König und das Volk folgten trauernd eine Weile dem Wagen des Helden. Als Rama und seine Gefährten an die heiligen Wasser der Ganga gelangten, nahmen sie Abschied von allen. Von Wald zu Wald lenkten die Wanderer ihre Schritte, über manchen Fluss ging die Reise. Als sie nach Chitrakuta gelangten, erbauten die Gefährten eine kleine Hütte und verbrachten dort den größten Teil ihres Exils.

Als nun Bharata geholt wurde, um gekrönt zu werden, weigerte er sich zu regieren und verstieß seine Mutter. Er begab sich auf die Suche nach seinem Bruder Rama und fand ihn schließlich mit seinen Gefährten im Wald. Bharata warf sich vor Rama zu Boden und rief: »O Rama, geliebter Bruder, bitte komm zurück und sei unser König! Ich will nicht unrechtmäßig regieren.« Doch Rama blieb standhaft. Nichts konnte ihn abhalten, seine Pflicht zu erfüllen. Da bat ihn Bharata um seine Sandalen. Er umarmte seine Brüder und verließ den Wald. Doch nach Ayodhya kehrte er nur zurück, um die Sandalen auf den Thron zu legen, als Zeichen dafür, das Rama der wahre Herrscher war. Er selbst begab sich nach Nandigrama, von wo aus er ungeduldig auf Ramas Rückkehr wartete und ihn während seiner Abwesenheit vertrat.

Rama als unser Begleiter

Ramas Waffe ist Pfeil und Bogen. Um ein Ziel zu treffen, muss der Schütze hoch konzentriert sein, diese Konzentrationsfähigkeit wird durch den Pfeil versinnbildlicht. Doch was ist das Ziel? Selbst wenn wir im Grunde wissen, dass es darum geht, das Licht über die Dunkelheit siegen zu lassen, stellt sich noch die Frage, wie das gelingen soll.

Ramas Antwort: »Folge dem Dharma. Gehe den Weg der Tugend und bleibe der Wahrheit treu!« Wie kein anderer hat Rama die Regeln der heiligen Schriften befolgt, die den Kern der hinduistischen Ethik bilden. Wahrhaftigkeit (*Satyam*), Gewaltlosigkeit (*Ahimsa*), Selbstkontrolle (*Dama*), Mildtätigkeit (*Dana*), Mitgefühl (*Daya*) und Zornlosigkeit (*Akrodha*) – das sind die wichtigsten Regeln für Menschen, die nach Freiheit, Klarheit und innerem Frieden streben.

Mahatma Gandhi war ein großer Verehrer Ramas. Zeitlebens hat er versucht, Ramas Prinzipien umzusetzen, und für Gerechtigkeit und Frieden gekämpft. Wichtig ist jedoch, dass wir die ethischen Grundsätze nicht als starre, äußere Regeln sehen, die es zu befolgen gilt. Nur auf

den ersten Blick geht es hier um Beschränkung. Bei genauerem Hinsehen geht es um Freiheit und spirituelles Wachstum.
Wenn wir tugendhaft handeln, nehmen wir einen starken positiven Einfluss auf unser Karma, und das wird sich sehr direkt auswirken. Wer aufrichtig und gütig ist, dem wird auch die Welt entsprechend begegnen. Und wer den Prinzipien der Gewaltlosigkeit folgt, kann auf geistigen Übungswegen wie dem Yoga oder der Meditation schnell einen Zustand vollkommenen Friedens und Glücks erlangen. Somit ist Tugend kein Hindernis, sondern vielmehr eine Abkürzung auf dem geistigen Weg.

»Ramas Weisheit«

König Rama hatte mit Hilfe Hanumans, des Affengottes, seine Frau Sita aus den Fängen des Asuras Ravana befreit. Sita stand unterwürfig an seiner Seite, doch Rama blickte Sita mit kalten Augen an. Vor allen Versammelten – Affen, Menschen und Dämonen – wies er sie zurecht: »Ich habe den Dämon besiegt und die Schande wiedergutgemacht, die mir angetan wurde, Sita. Doch dies sei dir gesagt: Das ist nicht dir zuliebe geschehen, sondern lediglich, um mein Ansehen wiederherzustellen und den Fleck, der meine Familienehre beschmutzte, zu tilgen. Und seit du wieder vor mir stehst, sind meine Zweifel an deinem Verhalten gewachsen und du bist meinem Auge so unangenehm wie eine Aussätzige. Geh, wohin du willst, Tochter des Janaka, ich will nichts mehr mit dir zu tun haben.«

Sitas Augen füllten sich mit Tränen, und die Anwesenden raunten. Rama fuhr fort: »Welcher ehrenhafte Mann aus gutem Hause könnte eine Frau zurücknehmen, die mit einem anderen zusammengelebt hat? Wie könnte ich dich zurücknehmen, die du auf dem Schoß von Ravana die Ehre verloren hast? So geh, wo immer es dich auch hinzieht.« Sita begann zu zittern, und die Tränen flossen in Strömen über ihr Gesicht. Noch nie hatte sie ihren Mann so sprechen hören – und das noch dazu vor einer so großen Menge! Seine Worte trafen sie wie Pfeile ins Herz. Doch sie wischte die Tränen aus ihrem Gesicht und sprach sanft: »Warum, du großer Held, sprichst du so mit mir? Du solltest mir vertrauen, dass ich mich untadelig verhalten habe. Wenn meine Glieder unziemlich berührt wurden, so nur mit Gewalt. Mein Körper war in der Gewalt des anderen. Mein Herz jedoch konnte niemand berühren, und es gehörte immer dir allein. Oh, warum hast du mich nicht verstoßen, als du Hanuman mit deiner Botschaft nach Sri Lanka sandtest? Ich hätte mein Leben hingegeben, und du hättest dir all die Mühen und Gefahren für dich und deine Freunde erspart.« Dann wandte sie sich an Lakshmana, der sie mitleidig ansah. »Errichte einen Scheiterhaufen für mich. Das allein bringt Heilung. Ich kann nicht weiterleben, da des Königs ungerechte Anschuldigungen mein Leben vernichtet haben.« Als Lakshmana dies vernahm, sah er seinen Bruder Rama prüfend an. Er erkannte seine Absicht und errichtete einen Scheiterhaufen. Das Feuer wurde entzündet, und Sita schritt darauf zu. »Möge das Feuer mich beschützen, so wahr mein Herz stets Rama gehörte. Ihr alle seid meine Zeugen!« Die Menschenmenge sah Sita den Scheiterhaufen besteigen, und wie aus einem Mund erhob sich ein Schrei, und auch die Dämonen und Affenkrieger stießen Laute des Entsetzens aus.

Da traten Indra, Varuna und Shiva und alle dreiunddreißig Hauptgötter hervor. »Rama, wie kann es sein, dass du Sita dem Scheiterhaufen anheimgibst? Wie kann es sein, dass du nicht erkennst, dass du selbst einer von uns Göttern bist und dich wie ein gemeiner Mann verhältst?« »Ja, ich halte mich für einen Menschen, ich bin Rama, der Sohn Dasharathas. Wenn ich nicht der bin, für den ich mich halte – wer bin ich dann, sagt mir: Wessen Sohn bin ich?« »Höre die Wahrheit, o Rama: Du bist der Narayana, du bist Krishna, Parjapati und Vishnu. Um Ravana zu töten, kamst du in den Körper eines Sterblichen, um deine Aufgabe zu erfüllen. Sita ist Lakshmi, und du bist Vishnu. Ravana ist vernichtet – nun, o Rama, kehre zu den Himmlischen zurück.«

Und Agni, der Gott des Opferfeuers, sprach: »Hier ist Sita, und keine Sünde ist in ihr. Als Ravana sie entführte, weil du sie allein im Wald ließest, waren ihre Gedanken nur bei dir. Obwohl sie in Versuchung geführt, bedrängt und bedroht wurde, wich ihr Herz kein Haarbreit von dir. Sie ist ganz und gar rein.«

Als Rama dies hörte, lächelte er und sprach zu den dreiunddreißig höchsten Göttern: »Es war notwendig, dass meine geliebte Sita das reinigende Feuer vor aller Augen betrat, da sie so lange bei Ravana lebte. Ich wusste sehr wohl, dass Sitas Herz stets mir gehörte und dass sie die Wahrheit sprach. Ich wusste, dass Ravana niemals diese vollkommene Frau gewinnen konnte. Jetzt aber hat sie vor den Augen der Wesen der drei Welten ihre Reinheit bewiesen. Ich könnte sie nie verstoßen, so wenig wie einer, der seiner Sinne mächtig ist, die Welt verstoßen kann.«

Als er so gesprochen hatte, jubelte das Volk und die Götter priesen seine Weisheit. Und so ward Rama wieder mit seiner geliebten Sita, Vishnu mit Lakshmi, vereint, und sie lebten fürderhin glücklich zusammen.

Meditation über Rama

Durch die Meditation können Sie Seele und Geist reinigen, Ihr Konzentrationsvermögen steigern und zu innerer Klarheit finden. Am einfachsten ist es, wenn Sie sich dazu auf das Energiezentrum konzentrieren, das als Stirn-*Chakra* oder »Drittes Auge« bezeichnet wird.

Vertiefen Sie sich in ein Bild Ramas und spüren Sie seine Kraft. Schließen Sie die Augen und spüren Sie, wie in Ihrer Stirnmitte ein angenehmes, beruhigendes und kraftgebendes dunkelblaues Licht erstrahlt. Richten Sie nun Ihre ganze Aufmerksamkeit auf diesen Punkt, tauchen Sie darin ein und werden Sie zu Rama! Stellen Sie sich vor, wie Sie mit der Kraft Ihrer Gedanken einen Bogen aus Licht spannen und einen Pfeil aus Energie – zur Heilung, zur Reinigung, zur Erkenntnis – auf Ihre Ziele richten. Werden Sie ganz ruhig und lassen Sie den Pfeil dann los. Er wird sein Ziel, das Ihr Ziel ist, finden.

QUALITÄTEN:

Sanftmut, Selbstkontrolle, Mitgefühl

KRAFT/ENERGIE:

dunkelblauer Energiewirbel

CHAKRA:

Ajna (Stirn-) Chakra

MANTRA:

OM – Shri Ramaya Namaha

Die Götter und die Chakras

Die Chakra-Lehre und die hinduistischen Gottheiten stehen zueinander in enger Beziehung: Die Chakras sind Manifestationen des Göttlichen im menschlichen Leib. Der Begriff »*Chakra*« stammt aus dem Sanskrit, der altindischen Gelehrtensprache – er bedeutet so viel wie »Rad« oder »Wirbel«. Die Chakra-Lehre entstammt dem ältesten System zur Entwicklung des ganzen Menschen – dem Yoga. Im Yoga geht es um die Beherrschung von Körper und Geist. Höchstes Ziel des Yoga ist die Befreiung vom Leiden und die Vereinigung mit dem göttlichen Selbst.

Die Lehre von den Chakras, den Energie- und Bewusstseinszentren des Menschen, ist jahrtausendealt. Wir verdanken sie den *Rishis* – Heiligen und Sehern im Alten Indien. Die Rishis und Yogis beschäftigten sich intensiv mit den verborgenen Energien im Menschen. Die Weisen der damaligen Zeit verfügten über eine außergewöhnliche Sensitivität. Indem sie ihr Bewusstsein nach innen richteten und sich in tiefe Meditation versetzten, gelang es ihnen, ihren Blick von der Welt der äußeren

Erscheinungen zu lösen und ihn auf die verborgenen Kräfte zu richten, die in jedem von uns wirken. Im Laufe der Generationen entwickelte sich so das Wissen über die Chakras.
Erste Andeutungen, die sich auf die Chakras beziehen, finden wir in den mehr als 3000 Jahre alten *Veden*, den ältesten religiösen Schriften der Inder. In den *Upanishaden*, besonders esoterischen Teilen der Veden, die um 500 v. Chr. verfasst wurden, tauchen bereits konkrete Hinweise zur Aktivierung der Chakras auf – so etwa in der *Shandilya-Upanishad* oder der *Cudamini-Upanishad*.

Sie haben in diesem Buch die wichtigsten Götter und ihre Bedeutung kennengelernt. Wenn Sie bereits Erfahrungen mit den Chakras haben, bieten die vorgestellten Rituale, Mantras und Meditationen eine weitere Möglichkeit, an Ihren Chakras zu arbeiten. Und falls Sie noch nie von Chakras gehört haben, werde ich Ihnen nun einen allgemeinen Überblick geben.

Die sieben Chakras und ihre Bedeutung

Auf den folgenden Seiten finden Sie ein paar Worte über die Bedeutung der sieben Chakras, über das Grundthema jedes spirituellen Energiezentrums sowie den seelischen Wirkungsbereich der einzelnen Chakras. Und natürlich werden Sie auch erfahren, welche Gottheiten mit diesem Chakra in Verbindung stehen, und dadurch vielleicht ein besseres Verständnis dafür bekommen, wie das Göttliche in den Chakras wirkt.

Wenn Sie sich bereits viel mit den Chakras beschäftigt und viel dazu gelesen haben, verwirrt es Sie möglicherweise, dass mitunter andere (oder weitere) Gottheiten einem bestimmten Chakra zugeordnet werden. Lassen Sie sich davon nicht beirren: Je nach Quelle gibt es leicht abweichende Zuordnungen, und es gibt dabei kein »falsch« oder »richtig« – das Göttliche zeigt sich in vielfacher Gestalt und ist doch letztendlich eines.

Damit es für Sie nicht zu verwirrend wird, habe ich hier nur Gottheiten genannt, die Sie in diesem Buch schon kennengelernt haben. Spüren Sie einfach in sich hinein. Der Gedanke daran, dass nicht eine abstrakte »Energie«, sondern ein Teil des Göttlichen, eine konkrete Gottheit mit eindeutigen Qualitäten, in Ihnen wirkt, erfüllt die Chakra-Lehre mit Leben und Gefühl. Spüren Sie einfach hin und beginnen Sie, mit dem Göttlichen in sich zu kommunizieren. Verlassen Sie sich dabei auf Ihre Intuition und Ihre Fantasie, denn mit dem Verstand können Sie das Wesentliche nicht erfassen.

Das Muladhara-Chakra (Wurzel-Chakra)

Das Wurzel-Chakra ist das unterste Chakra und bildet somit die Basis für alle anderen Chakras. Auf Sanskrit heißt das Wurzel-Chakra *Muladhara-Chakra* – »Mula« bedeutet »Wurzel« und »Adhara« »Stütze«. Oft wird dieses Chakra auch als »Basiszentrum«, »Wurzelzentrum« oder einfach als »erstes Chakra« bezeichnet. Es liegt im Bereich des Beckenbodens auf Steißbeinhöhe zwischen Damm und Anus. Alte hinduistische Abbildungen zeigen das Wurzel-Chakra mit vier Blütenblättern. Die Gottheiten, die im Zusammenhang mit dem Wurzel-Chakra stehen, sind *Brahma, Saraswati* und *Ganesha*. Brahma als der Schöpfer deutet darauf hin, dass dieses Chakra die Grundlage ist, auf der alles andere steht, und Parvati als die Mutter allen Lebens weist in dieselbe Richtung. Ganesha ist der Gott, der die Fülle oder den Reichtum repräsentiert, die eine Frucht der Erde und der Lebensenergie ist, für die das Basis-Chakra steht.

Auch die rote Farbe des Muladhara-Chakras symbolisiert die Lebensenergie, die Leidenschaft und die Kraft, die von diesem Zentrum ausgehen. Neben den vier Blütenblättern gilt auch das Quadrat als Symbol für dieses Chakra. In vielen Darstellungen sehen wir darüber hinaus oft Symboltiere wie den Elefanten, den Stier oder den Ochsen – sie alle repräsentieren Stabilität und Kraft und somit wichtige Aspekte des Basis-Chakras.

Über das Wurzel-Chakra ist der Mensch energetisch mit der Erde verbunden. Über kein anderes Chakra nehmen wir so viel Energie aus der Erde auf. Dieses Chakra ist daher eine Quelle enormer Lebensenergien. Die *Kundalini*-Energie – die schöpferische Urkraft – ruht im Muladhara-Chakra. Wird diese Energie geweckt, führt dies zur Belebung sämtlicher anderen Chakras.

»Lebenskraft«, »Urvertrauen« und »Sicherheit« sind zentrale Themen des Wurzel-Chakras. Dieses Chakra repräsentiert den Willen zum Leben und den Selbsterhaltungstrieb. Kann die Energie in diesem Bereich ungehindert strömen, so fällt es dem Menschen leicht, sich seine Existenz auf dieser Welt zu sichern. Er steht mit beiden Beinen auf dem Boden, und nichts kann ihn so leicht aus der Fassung bringen. Ist die Basis stark, entstehen Urvertrauen und das Gefühl, sicher und geborgen zu sein. Die gute »Verwurzelung« ist die beste Voraussetzung für ein erfolgreiches Leben. Menschen, deren Wurzel-Chakra gut ent-

wickelt ist, verfügen durchweg über ein hohes Maß an Lebensenergie und Lebenswillen. Ihre Ausdauer und ihr Durchhaltevermögen sind in der Regel besonders ausgeprägt.
Blockaden im Basis-Chakra stören die harmonische Beziehung zu »Mutter Erde«. Die Einflüsse der modernen Zivilisation führen leider oft zu derartigen Blockaden. Ein Mangel an Energie im Muladhara-Chakra führt zu einem Mangel an Lebensenergie, Lebensfreude und Vertrauen in das Dasein. In diesem Fall sollte die Muladhara-Energie durch entsprechende Übungen angeregt werden, wodurch mit der Zeit Stabilität, Urvertrauen und Gelassenheit entwickelt werden.

Das Svadhisthana-Chakra (Sakral-Chakra)

Das Sakral-Chakra ist das Zentrum der Sinnlichkeit und Sexualität; darauf deutet sein Sanskritname *Svadhisthana-Chakra* hin – »Svadhisthana« bedeutet so viel wie »Süße« oder »Lieblichkeit«, wird aber auch als »eigener Wohnplatz« übersetzt. Das Sakral-Chakra ist auch unter den Bezeichnungen »Sexual-Chakra«, »Geschlechtszentrum« oder »zweites Chakra« bekannt. Das Sakral-Chakra liegt auf Höhe des Kreuzbeins, etwas oberhalb der Geschlechtsorgane, einige Fingerbreit unterhalb des Bauchnabels.
Meist wird das Sakral-Chakra als sechsblättrige Blüte abgebildet. Das Sakral-Chakra steht mit *Krishna* und *Radha* in Beziehung. Es ist das Chakra der körperlichen, aber darin verborgenen geistigen Liebe. *»Jene liebe ich, die keinem Wesen übel gesinnt, die Mitleid in ihren Herzen tragen, die frei von Selbstsucht sind und geduldig, gleichmütig gegenüber Leid und Freude«,* heißt es in der Bhagavad Gita. Als Avatar des Vishnu steht Krishna auch für das Prinzip des Erhalts – in diesem Fall des Erhalts der Menschheit durch die Fortpflanzung.

In Darstellungen des Chakras erscheinen oft Symboltiere, insbesondere Fische, Meereslebewesen und Krokodile. Sie stehen im Zusammenhang mit Wasser, dem Element des Svadhisthana-Chakras. Die Mondsichel – das Symbol des Svadhisthana-Chakras – weist auf die weiblichen Aspekte dieses Chakras hin. Über das Sakral-Chakra können wir Kontakt zu unseren weiblichen Energien und zur Weisheit des Unterbewusstseins aufnehmen.
Die Kräfte, die im Sakral-Chakra wirken, sehen wir in der Natur in fließenden Gewässern und dem Licht des Mondes repräsentiert. Die Mondphase, in der das Sakral-Chakra am aktivsten ist, ist die Phase des zunehmenden Mondes.

Das Sakral-Chakra ist das Zentrum der menschlichen Sexualität und der weiblichen Energie. Die sexuelle Energie ist für die Arterhaltung, für Fortpflanzung, Geburt und Neuschöpfung von großer Bedeutung. Das Sakral-Chakra repräsentiert Aspekte wie Sexualität, Kreativität, schöpferische Lebensenergie, aber auch Sinnlichkeit und Lebensfreude.
Über das Svadhisthana-Chakra können wir Kontakt zu unserer ursprünglichen Lebenslust aufnehmen. Fließt die Energie in diesem Chakra ungehindert, fällt es leicht, sein Leben mit allen Sinnen zu genießen. Die Verbindung schöpferischer Energie und intensiver Lebenslust bildet die Basis für Neuschöpfung – dies wird vor allem in der Sexualität und der Fortpflanzung deutlich.

Eine gute Verbindung zu Ihrem Sakral-Chakra ermöglicht es Ihnen, »Ja« zur eigenen Sexualität und Sinnlichkeit zu sagen und sich selbst auch auf körperlicher Ebene anzunehmen. Dies ist eine notwendige

Voraussetzung für die erotische Begegnung mit einem Partner und für eine erfüllende Partnerschaft.

Menschen, die ein starkes Svadhisthana-Chakra haben, sind voller Vitalität und Lebensfreude. Dies wirkt sich selbstverständlich auf ihr Selbstbewusstsein aus – nicht umsonst wirken diese Menschen durch ihre Begeisterung anziehend auf andere. Selbst wenn sie äußerlich nicht besonders attraktiv zu sein scheinen, wecken sie besonders beim anderen Geschlecht großes Interesse.

Sowohl ein Mangel als auch ein Überfluss an Energie im Sakral-Chakra kann zu Schwierigkeiten führen. So sind Eifersucht, Ängste und ein Mangel an sexueller Lust ebenso mögliche Erscheinungen wie zwanghaftes Sexualverhalten, eine Neigung zur Sucht, Schuldgefühle oder Aggressivität.

Wer sein Svadhisthana-Chakra durch Chakra-Arbeit aktiviert und harmonisiert, lernt, sein Leben zunehmend zu genießen und eine gesunde Beziehung zu seinen sexuellen und sinnlichen Kräften zu entwickeln.

Das Manipura-Chakra (Nabel-Chakra)

Im Sanskrit heißt das Nabel-Chakra »Manipura-Chakra«. »Manipura« bedeutet »leuchtender Juwel« oder auch »Stätte der Juwelen«. In der Chakra-Lehre wird das Manipura-Chakra als besonders energiereiches Chakra angesehen. Wie eine leuchtende Sonne durchstrahlt dieses Chakra den ganzen Körper und versorgt ihn mit Prana, der universellen Lebenskraft. Häufig wird das Manipura-Chakra auch als »Nabel-« oder »Solarplexuszentrum« oder einfach als »drittes Chakra« bezeichnet. Obwohl das Manipura-Chakra auch »Nabel-Chakra« genannt wird, liegt es nicht genau auf Höhe des Nabels, sondern etwas oberhalb, also im Magenbereich, am Übergang zwischen Lenden- und Brustwirbelsäule.

Zehn Blütenblätter entspringen dem Manipura-Chakra.

Surya, der Sonnengott, und *Agni*, der Gott des Feuers, werden dem Manipura-Chakra zugeordnet. Traditionellerweise wird dieses Chakra, das das Feuerelement repräsentiert, in gelben und goldgelben Farben dargestellt. Diese Symbolik verweist eindeutig auf die vitale, feurige Energie, die von diesem Zentrum ausgeht.

Das Symbol des Nabel-Chakras ist das Dreieck, das Symboltier der Widder – ebenfalls ein Repräsentant feuriger Kräfte, der in vielen Darstellungen als Reittier des Feuergottes Agni zu sehen ist.

Naturerscheinungen, die im Zusammenhang mit dem Manipura-Chakra stehen, sind Sonnenlicht sowie jede Form von offenem Feuer. In der Mondphase des zunehmenden Mondes ist die Aktivität des Nabel-Chakras besonders ausgeprägt.

Da im Nabel-Chakra besonders viel Lebensenergie gespeichert wird, ist eine gute Funktion dieses Chakras für den gesamten Organismus von großer Bedeutung.

Das Manipura-Chakra repräsentiert alle Aspekte, die mit der Bildung einer gesunden Persönlichkeit, die sich in der Welt durchsetzen kann, zusammenhängen. Aus dem Nabel-Chakra entspringt die Kraft der Gefühle. Menschen, die ein starkes Nabel-Chakra haben, sind sich ihrer Identität und Individualität sehr bewusst. Das Feuerelement verleiht ihnen ein hohes Maß an Energie und Lebendigkeit. Diese ist nötig, um ein selbstbewusstes »Ich« zu entwickeln, seine Ziele zu verwirklichen und die Welt aktiv mitzugestalten.

Fließt die Energie im Manipura-Chakra ungehindert, so fällt es dem Menschen leicht, seinen Weg voller Tatkraft zu gehen. Er entwickelt eine starke Persönlichkeit, doch trotz der Macht, die daraus entsteht, verfügt er zugleich über Sensibilität und Mitgefühl. Man erkennt Menschen mit einem starken Nabel-Chakra daran, dass sie oft sehr spontan sind; sie handeln »aus dem Bauch« heraus – und meistens treffen sie dabei mit ihren Entscheidungen genau ins Schwarze. Nabel-Chakra-Menschen lassen ihren Gefühlen freien Lauf – sie können sehr laut und herzlich lachen, doch sie können auch bitterlich weinen, wenn sie traurig sind, oder beeindruckende Wutausbrüche bekommen, wenn man sie reizt.

Energieüberschüsse wie auch Blockaden im Nabel-Chakra haben negative Folgen. So können Blockaden Gefühlskälte, Gleichgültigkeit oder Unsicherheit und mangelndes Selbstbewusstsein erzeugen; fehlgeleitete oder überschüssige Energie kann auf der anderen Seite zu Machtbesessenheit, Ehrgeiz und übertriebenem Leistungsdenken – mitunter sogar zu Rücksichtslosigkeit und Zerstörungswut – führen.

Durch Übungen, die das Nabel-Chakra harmonisch entwickeln, können die Grundvoraussetzungen für ein erfolgreiches, aktives Leben geschaffen werden. Ein gut entwickeltes Manipura-Chakra ermöglicht eine gute Balance zwischen einer farbigen Gefühlswelt und der nötigen Selbstkontrolle.

Das Anahata-Chakra (Herz-Chakra)

Das Herz-Chakra liegt im Zentrum des Chakrasystems. Das Herz wird in allen Kulturen mit der Kraft der Liebe in Verbindung gebracht. Das Herz-Chakra bildet das Zentrum des Menschen – die Menschenmitte. Im Sanskrit wird es als »Anahata-Chakra« bezeichnet – »Anahata«

bedeutet »nicht angeschlagen« oder »unbeschädigt«. Dies deutet darauf hin, dass wir in unserem spirituellen Herzzentrum geborgen und frei von Makel sind. Was auch immer uns im Leben widerfahren mag – wenn es uns gelingt, uns mit der ursprünglichen Kraft der Liebe zu verbinden, so finden wir Trost und Kraft.

Das Anahata-Chakra wird oft als »Brust-Chakra« oder »Herzzentrum« bezeichnet. Es liegt zwar auf Höhe des anatomischen Herzens, ist jedoch nicht nach links verschoben, sondern liegt mitten in der Brust. Es wird meist mit zwölf Blütenblättern dargestellt.

Vishnu, Lakshmi und *Vayu* sind Gottheiten, die dem Herz-Chakra zugeordnet werden. Interessanterweise wird von den Anhängern Vishnus auch Jesus Christus verehrt – denn auch er steht für die selbstlose Liebe. Die Liebe des spirituellen Herzens ist nicht die leidenschaftliche, sinnliche Liebe, die vor allem in der westlichen Kultur oft mit der wahren Liebe verwechselt wird. Vielmehr entspricht die Liebe des Herz-Chakras einer Bewusstseinsstufe, auf der die Liebe nicht so sehr auf eigennützigen Interessen oder auf Trieben als vielmehr auf einer selbstlosen, mitfühlenden Grundlage ruht – daher die Farbe Grün, die Harmonie und Ausgeglichenheit symbolisiert.

Das Symbol des Herz-Chakras ist das Hexagramm – eine harmonische Verschmelzung zweier Dreiecke, von denen das eine nach oben, das andere nach unten gerichtet ist – auch das weist auf vollkommene Harmonie und Ausgeglichenheit hin. Als Symboltiere tauchen auf alten Darstellungen Antilopen, vor allem aber Vögel (wie etwa der Göttervogel Garuda, das Reittier Vishnus) auf. Häufig ist die Taube zu sehen, die im Westen als Symbol für den Frieden steht.

Die Energie des Brustzentrums wird in der Natur durch Wälder, Wiesen, Felder und unberührte Landschaften repräsentiert. Sowohl in der Neumond- als auch in der Vollmondphase ist das Herz-Chakra besonders aktiv.

In der Chakra-Lehre gilt das Herz-Chakra als das Zentrum der universellen, überpersönlichen Liebe. Aus dem Herz-Chakra strömen die Kräfte, die den Menschen mit seinen Mitmenschen verbinden. Wahres Mitgefühl, das »Sich-Hineinversetzen« in das »Du« und das tiefe Verständnis für den Anderen sind allesamt emotionale Fähigkeiten, die zeigen, dass das Bewusstsein bereits eine hohe Stufe der Entwicklung erreicht hat.

Menschen mit einem starken Herz-Chakra überwinden ihre egoistischen Interessen und überschreiten damit ihre Begrenzungen. Im Gegensatz zur persönlichen Liebe, die sich nur auf den eigenen Partner, die engsten Freunde oder Familienmitglieder erstreckt, öffnet sich die überpersönliche Liebe jedem. Aus dieser offenen Haltung entsteht Toleranz. Diese Toleranz für andere Menschen, Ideen und Kulturen ist die Basis der Mitmenschlichkeit, die in allen Religionen gefordert wird.

Wenn das Herz-Chakra gefestigt ist, fällt es leicht, Verantwortung für andere zu übernehmen. Ebenso fällt es leicht, sich selbst liebevoll anzunehmen und sich trotz all seiner kleinen Fehler und Schwächen zu akzeptieren.

Kommt es im Bereich des Anahata-Chakras zu Blockaden, kann dies eine lieblose, verbitterte Haltung erzeugen. Es entsteht das Gefühl, von anderen getrennt und isoliert zu sein. Kontaktschwierigkeiten und Einsamkeit sind häufige Folgen dieser Einstellung. Störungen im Funktionsbereich des Herz-Chakras können aber auch dazu führen, dass man sich zu wenig von anderen abgrenzt und den Kontakt zu seiner eigenen Identität verliert.

Wenn Sie sich vermehrt mit Ihrem Herz-Chakra beschäftigen und es auf sanfte Weise aktivieren, werden Sie Offenheit und Herzensgüte kultivieren und die Beziehungen zu Ihren Mitmenschen bereichern.

Das Vishuddha-Chakra (Hals-Chakra)

Das Hals-Chakra heißt im Sanskrit »Vishuddha-Chakra«, und »Vishuddhi« bedeutet »reinigen«. Das Wort- und Wahrheitsbewusstsein, das auf dieser Ebene repräsentiert wird, wirkt reinigend auf das Bewusstsein und lässt innere Klarheit entstehen. Das Vishuddha-Chakra wird oft auch »Kehl-Chakra«, »Halszentrum«, »fünftes Chakra« oder »Kommunikations-Chakra« genannt. Das Vishuddha-Chakra liegt im Bereich der Halswirbelsäule, etwa auf Höhe des Kehlkopfes.

Das Hals-Chakra hat 16 Blütenblätter, seine Farbe ist Hellblau (manchmal wird es auch silbrig schimmernd dargestellt). Ebenso wie die blaue Farbe, die an die Weite des Himmels erinnert, deutet auch das Element Äther auf Raum und Reinheit hin. Im Yoga wird Äther als Träger des Klangs angesehen – Äther ist das Medium für jegliche Kommunikation. Das Symboltier des Hals-Chakras ist der Weiße Elefant, das Reittier *Indras*, des wichtigsten Gottes der Veden. »Indra« heißt »der Starke« – er ist der Gott des Donners, symbolisiert zugleich die Fruchtbarkeit, da er der ausgedörrten Erde Wasser bringt.

Die der Energie des Vishuddha-Chakras entsprechenden Naturerscheinungen sind der blaue, wolkenlose Himmel und das blaue Meerwasser.

Der abnehmende Mond ist die Phase, in der das Hals-Chakra besonders aktiv ist.

In der Chakra-Lehre gilt das Hals-Chakra als das Zentrum des Klangs. Es ist das Chakra, das für Sprache und Kommunikation verantwortlich ist. Der bewusste Umgang mit Worten, der Versuch, bei allem Gesagten bei der Wahrheit zu bleiben, und der Selbstausdruck sind die Entwicklungsaufgaben, die mit dem Hals-Chakra zusammenhängen.

Das Hals-Chakra bildet aber auch ein wichtiges Verbindungsglied, denn es verbindet das Herzzentrum mit dem Stirn-Chakra und stellt somit ein gesundes Gleichgewicht zwischen Fühlen und Denken her.

Menschen, die ein gut entwickeltes Hals-Chakra haben, können sehr gut mit Sprache umgehen. Sie wissen, wie sie ihre Stimme einsetzen und wie sie sich anderen mitteilen können. Über die Stimme können wir nicht nur Informationen austauschen, sondern auch Gefühle zum Ausdruck bringen. Schauspieler und Redner können die Seele ihrer Zuhörer anrühren, wenn es ihnen gelingt, Gefühl in ihre Worte zu legen. Auf diese Weise können Worte sehr mächtig werden.

Das Hals-Chakra repräsentiert ebenso den Gehörsinn. Es bietet uns den Schlüssel zur Welt des Klangs. Klänge können unsere Stimmungen in Sekundenbruchteilen verändern – was die Magie der Musik erklärt. Ein gut entwickeltes Hals-Chakra geht immer mit Musikalität einher – auch Menschen, die selbst kein Instrument spielen, können durchaus sehr musikalisch sein.

Nicht zuletzt hängt das Hals-Chakra auch mit unseren Gedanken zusammen. Ein Großteil der Gedanken besteht aus Worten. Alles, was wir zu anderen, aber vor allem alles, was wir zu uns selbst sagen, beeinflusst unsere Gedankenwelt und damit unser Lebensgefühl.

Störungen im Vishuddha-Chakra können auf der einen Seite Schüchternheit, Hemmungen, Sprachstörungen und einen Mangel an Ausdrucksmöglichkeiten erzeugen; auf der anderen Seite ist Ruhmsucht, der Versuch, andere Menschen zu manipulieren, und der Hang zu Geschwätzigkeit Folge und Ausdruck einer unharmonischen Entwicklung des Hals-Chakras.

Das Ajna-Chakra (Stirn-Chakra)

Das Stirn-Chakra ist das geistige Zentrum der Erkenntnis und Intuition. Im Sanskrit heißt es »Ajna-Chakra« – »Ajna« bedeutet »wissen« oder »wahrnehmen«. Höheres Wissen kann nur durch das Überschreiten der Dualität erlangt werden. Im Ajna-Chakra enden die zwei wichtigsten Energiebahnen *Ida* und *Pingala* – sie repräsentieren die beiden Pole: Sonne und Mond, männlich und weiblich usw. Ida und Pingala laufen im Stirn-Chakra zusammen – durch die Meditation auf dieses Chakra kann das Denken von der Dualität befreit werden.

Das Ajna-Chakra wird oft auch als »Drittes Auge«, »Stirnzentrum«, »Weisheits-Chakra« oder als »sechstes Chakra« bezeichnet.

Das Stirn-Chakra wird mit zwei einander gegenüberliegenden Blütenblättern dargestellt, was auf die Harmonie und die Vereinigung der beiden Pole Yin und Yang hinweist.

Die Gottheit, die das Ajna-Chakra hervorragend repräsentiert, ist *Rama*, der als der weise Gott der Rechtschaffenheit und Wahrhaftigkeit gilt.

Das Stirn-Chakra wird meist dunkelblau dargestellt. In der Natur findet die Energie des Stirn-Chakras seine Entsprechung im Nachthimmel und in der Energie der Sterne. Die Mondphase, in der das Ajna-Chakra am stärksten schwingt, ist die Phase des abnehmenden Mondes.

Das Stirn-Chakra liegt in der Mitte der Stirn, zwischen den Augenbrauen und etwas oberhalb der Nasenwurzel.
Über das Stirn-Chakra kann sich der Mensch mit den geistigen Welten verbinden. Das Ajna-Chakra stellt den Kontakt zur Intuition her, es ermöglicht die Erkenntnis höherer Wirklichkeiten und das Überschreiten des Alltagsbewusstseins.
Die Aufgabe, die mit der Entwicklung des Stirn-Chakras einhergeht, ist Selbsterkenntnis – das Erkennen des »Höheren Selbst«, das nicht mit dem weltlichen Ego identisch ist, sondern weit darüber hinausgeht. Meditationen auf das Ajna-Chakra führen oft zu Lichterfahrungen. Diese sind wiederum ein Zeichen dafür, dass das innere Licht, die innere Erkenntnis aufleuchtet, was dazu führt, dass man seine Probleme auf einmal von einer erhöhten Perspektive aus betrachten und sich dadurch von ihnen befreien kann.
Menschen, die ein gut entwickeltes Stirnzentrum haben, fällt es leicht, innere Bilder zu erzeugen: Ihre Vorstellungskraft ist ebenso beeindruckend wie ihre Fantasie. Oft haben diese Menschen einen Hang zu Visionen – sie können Dinge voraussehen oder haben zumindest ein sehr feines Gespür, einen »Siebten Sinn«. Wenn die Energien im Ajna-Chakra ungehindert fließen können, entsteht geistige Klarheit. Der klare Blick führt zu höheren Erkenntnissen, die nicht mehr durch Täuschungen und Illusionen getrübt sind.
Durch Blockaden oder Energieüberschuss im Stirn-Chakra entstehen leicht seelische Fehlhaltungen. Konzentrationsschwäche und Gedankenflucht deuten auf eine Störung im Ajna-Chakra hin. Aber auch Vergesslichkeit, geistige Verwirrung und Aberglaube können damit zusammenhängen. Selbstsucht, Selbstverherrlichung und Machtstreben

können auftreten, wenn die Energien des Dritten Auges durch eine egoistische Haltung in die falschen Richtungen gelenkt werden.
Durch vermehrte Beschäftigung mit dem Ajna-Chakra können seine Kräfte auf harmonische Weise entwickelt werden. Es wird Ihnen dann zunehmend leichter fallen, Kontakt zu Ihren intuitiven Kräften und Ihrer Weisheit, Ihrem »inneren Rama«, aufzunehmen.

Das Sahasrara-Chakra (Kronen-Chakra)

Das Kronen-Chakra wird in Indien »Sahasrara-Chakra« genannt; »Sahasrara« bedeutet »tausend«, »tausendfältig« oder »tausendfach«. Das Symbol für dieses Chakra ist der tausendblättrige Lotos – wobei die Zahl 1000 höchste Vollendung und Vollkommenheit repräsentiert. Das siebte Chakra liegt im Bereich des Schädeldachs, am Scheitelpunkt des Kopfs. Allerdings überschreitet dieses höchste Chakra die äußeren Grenzen des Menschen und geht direkt in die Aura über.
Das Kronen-Chakra wird oft als »Scheitelzentrum« oder als »Tausendblättriger Lotos« bezeichnet. Es ist der Endpunkt der wichtigsten Energiebahn des Feinstoffkörpers, der *Sushumna*. Diese Energiebahn verläuft vom untersten Chakra, dem Muladhara-Chakra, zum höchsten, dem Sahasrara-Chakra. In diesem Hauptkanal steigt die Schlangenkraft auf, Kundalini, die die Erweckung des menschlichen Potenzials symbolisiert.
Im Laufe der spirituellen Entwicklung wird die schöpferische Urenergie, die im untersten Chakra ruht und durch *Shakti* symbolisiert wird, geweckt. Sie strömt aufwärts, erweckt dabei alle Chakras und vereinigt sich schließlich mit dem universellen Bewusstsein im höchsten Chakra. Dieses universelle Bewusstsein wird durch *Shiva* repräsentiert, und das

Kronen-Chakra gilt als Wohnstätte Shivas – und des weiblichen Pols, *Parvati*.

Das Aufsteigen von den unteren zu den höchsten Ebenen und die Vereinigung des individuellen mit dem göttlichen Selbst sind das Ziel der spirituellen Reise. Dieses Aufsteigen von der Dunkelheit ins Licht wird im Symbol des Lotos deutlich: Der Lotos wächst aus dem Schlamm und der Dunkelheit und gelangt schließlich zu strahlender, reiner Blüte. Ebenso sollte sich das menschliche Bewusstsein entwickeln, sollte sich aus den animalischen, »dunklen« Ebenen nach oben bewegen und das Licht der Seele zum Strahlen bringen.
Das Mantra, das in meditativen Techniken eingesetzt wird, um das Kronen-Chakra zu erwecken, ist das OM. Viele Abbildungen zeigen das Sahasrara-Chakra in violetten und weißen Farbtönen – diese Farben symbolisieren Reinheit und Licht, ebenso wie Gold, das ebenfalls in einigen Sahasrara-Darstellungen zu sehen ist.
Der Gott, der dem Scheitelzentrum zugeordnet ist, ist *Shiva* – das Symboltier ist *Kundalini*, die aufsteigende Schlange. Die Qualität des Sahasrara-Chakras lässt sich in der Natur am ehesten auf Berggipfeln erfassen. Die Mondphase, in der das Kronen-Chakra am aktivsten ist, ist die Neumond-Phase.

Die Hauptthemen des Kronen-Chakras lauten Spiritualität, Selbstverwirklichung und Erleuchtung. Auf der Entwicklungsstufe, die durch das höchste Chakra repräsentiert wird, geht es darum, sich seines göttlichen Ursprungs bewusst zu werden und tiefen Frieden zu erlangen. Durch die Bewusstwerdung der Qualitäten des Scheitelzentrums wird die Erfahrung von Eins-Sein und Heil-Sein möglich. Die Entwicklung dieses Zentrums führt die Persönlichkeit zu höchster Reife und verwandelt sie in *Mahatma,* die »große Seele«.

In der spirituellen Entwicklung steht das Erwachen des höchsten Bewusstseins auf der obersten Stufe der inneren Leiter. Dieses Erwachen ist mit sehr angenehmen Bewusstseinszuständen verbunden. Unumstößliche Gelassenheit, ein tiefer Friede und das Verbundensein mit dem Universum sind Anzeichen dafür, dass das höchste Ziel erreicht wurde: Es ist *Samadhi* – die vollkommene Verschmelzung und der Zustand absoluter Glückseligkeit.

Überblick über die Chakras

Chakra	Bezeichnungen	Gottheit	Zentrale Themen	Farbe
7	Sahasrara-, Kronen- oder Scheitel-Chakra	Shiva, Parvati	Spiritualität, Erleuchtung, Selbstverwirklichung	Weiß
6	Ajna- oder Stirn-Chakra; Drittes Auge	Rama	Intuition, Wahrnehmung, Fantasie	Indigoblau
5	Vishuddha-, Hals- oder Kehlkopf-Chakra	Indra	Kommunikation, Wahrheit, Inspiration	Hellblau
4	Anahata-, Brust- oder Herz-Chakra	Vishnu, Lakshmi, Vayu	Liebe, Mitgefühl, Menschlichkeit	Grün
3	Manipura-, Nabel- oder Solarplexus-Chakra	Agni	Wille, Persönlichkeit, Selbstkontrolle	Gelb
2	Svadhisthana-, Sakral- oder Sexual-Chakra	Krishna	Sexualität, Sinnlichkeit, Fortpflanzung, Kreativität	Orange
1	Muladhara-, Basis- oder Wurzel-Chakra	Brahma, Saraswati, Ganesha	Lebenswille, Überleben, Sicherheit, Urvertrauen	Rot

Bildnachweis

Fotolia, New York: 45, 55, 61, 73, 85, 99,114, 131, 140, 150, 167, 183, 201, 219 (tatiana_ki), 47, 105 (katyau), 57, 205 (NH7), 65 (natbasil), 89, 171 (prikhnenko), 155 (00798), sowie:
24, 35, 63, 68, 72, 77, 98, 113, 117, 124, 133, 153, 182, 199
Getty Images, München: 116 (roevin/Moment Open), 118, 154 (Photononstop/Philippe Lissac), 122 (Flickr Open), 132 (Robert Harding World Imagery/Godong), 170 (Christer Fredriksson/Lonely Planet), 179 (Ephotocorp/age fotostock), 204 (DEA/G. NIMATALLah/De Agostini Picture Library)
iStockphoto, Calgary/Canada: 10 (eROMAZe), 29 (selimaksan), 44 (erty05), 46 (nullplus), 50 (desifoto), 60 (Sameerlodhi), 64 (sphoom), 78 (yogesh-more), 84 (f9photos), 88, 142 (vbel71), 101 (Xavier Arnau), 107 (santorini421), 129 (peter zelei), 148 (Blend_Images), 168 (BDphto), 186, 202 (miskani), 211 (KathyCarre)
LOOK, München: 23 (SagaPhoto), 31, 36, 40, 87, 127, 159, 164, 174, 220 (age fotostock), 56 (Kay Maeritz), 71 (Nordic Photos), 104 (Holger Leue)
plainpicture, Hamburg: 14 (ABBAS/Magnum Photos)